制服ガールの総力戦

目次

制服ガールの総力戦

イギリスの「女の子」の戦時貢献

杉村使乃

Britain's Girls in Uniform at War

春風社

第Ⅱ部　第二次世界大戦下の制服ガール

はじめに

ガールたちの制服に付与されるものは

"But battles are ugly when women fight."(1)

第二次世界大戦時、ロンドンの空襲を逃れて、四人の子どもたちは郊外のカントリーハウスに疎開する。ある日、古いワードローブにもぐりこんだ彼らはナルニアという異世界に迷い込む。戦争という「現実」から避難したはずなのに、彼らが迷い込んだ異世界でも覇権争いは展開していた。その戦場で「アダムの息子」たちは剣を取り戦うことを、一方、「イヴの娘」たちは自らを守り、傷ついた他者を癒すことを奨励される。

C・S・ルイスの『ナルニア国年代記』（一九五〇―五六）は、神話的な異世界を舞台に、現実の戦争も象徴的に描かれている。ここでは女性が戦闘に加わることになれば、戦争は醜悪なものになると懸念されているが、現実に戦闘が始まればアダムの息子たちとイヴの娘たちの境界線は極めて曖昧になる。また、戦闘に加わる女性は醜いどころか、雄々しく、凛々しくさえ見えることもある。

「ガール」と戦争

本書が問いかけるものの一つは女性が戦争にいかに関わってきたか、ということである。前述のエピソードのように、戦争では、戦う男性と彼らを癒す女性のように、ジェンダーにより役割分担がなされているように見える。伝統的に戦争は「男性の仕事」として位置づけられてきたかもしれないが、現実には多くの女性たちが戦争に関わってきた。J・B・エルシュタインが『女性と戦争』(一九八七)で指摘しているように、女性たちは必ずしも平和的な傍観者ではなく、戦争という物語の一部を成していた。

自分たちに対して、そして自分たちのせいで、今どんなことがおこりつつあるのかを、個々の女性たちに理解させることによって、戦争と「女性」に関する物語を作り上げている。共和国のために戦う女性は、もはや成り行きの被害者ではない。むしろ彼女は、武装した市民的美徳についての言説において、そしてまたそのような言説によって、行為の原作者となる権限を与えられる。――犠牲的な行為、苦難のただ中や、それを切り抜けるときの高潔な行為、逆境をものともしない勇気ある行為、単に自分の国家の「正義」ではなく、自分の「正義」を固く信じた断固たる行為――女性はこういった行為の原作者となるのである。

(エルシュタイン 150–51)

戦争という〈武装した市民的美徳の壮大な物語〉において、女性は受動的に関わってきたばかりではなかった。男性が戦闘に集中できるよう、身の回りのことや戦闘以外の業務に携わる「キャンプ・フォロワー」と呼ばれる女性たちがどの時代にも存在してきた。エルシュタインの他、S・アレクシエーヴィチの『戦争は女の顔をしていない』（一九八四）、そして日本においては加納実紀代の『女たちの〈銃後〉』（一九八七、増補新版一九九五）他が早くから指摘していたように、女性たちはホーム・フロントでも前線《フロント》を支え、そして時には前線へと押し出され、戦争という物語に加担していた。

総力戦となった二つの世界大戦では、大々的にマンパワーと国費を戦争へと向けるためのメディア戦はより重要となった。ポスター、映画、新聞、雑誌に掲載される女性たちは、その貢献により戦争における「原作者」でありながら、メディアに掲載されることによってテクストとして消費され、解釈されうる存在でもあった。

第一次、また第二次世界大戦のイギリスでは、より多くの男性を戦場に送るため、軍隊に多くの女性が動員され、女性にも軍服に由来する制服が与えられるきっかけとなった。制服姿の女性は、家庭のみにとどまらない「市民」としての存在を印象付けるものであり、その若い女性の美しい制服姿は、雑誌、映画など大衆メディアでクローズアップされた。

本書では、女性に与えられていた領域から踏み出し、男性たちが着用する軍服を女性用にアレンジした制服を身につけ戦時活動に携わった「ガール」と呼ばれる若い女性たちに着目する。英語でgirlと示されていてもその年齢層やカバーする社会階層は広い。共通しているのは未婚の若い女性という点で、所々「少女」あるいは「女性」と訳し分けるが、かつて職場で若い女性社員に向かって使われていた（敢えて過去形にするが）「女の子」というニュアンスに近いかもしれない。彼女たちの働きはその若さと性別と切り離されて考えられることはない。

ヨーロッパを戦場に変えた二つの世界大戦において、イギリスのガールたちは未来の兵士たちを産み育てる良き母親になる準備をするだけではなく、軍需工場での労働や軍隊の後方支援に参加することが求められた。こうした制服姿のガールたちは、どのように戦時下のメディアで表象されたのだろうか。現在、戦争や紛争において「男並み」の参加をする女性兵士が存在する一方、ポップカルチャーの戦闘美少女(2)たちは殊更に「女らしさ」を視覚的に強調されることもある。軍隊という「男性領域」に入りジェンダー秩序を越境する活躍する制服ガールたちもまた、その若さと女性性ゆえに、社会から好奇と批判、そして驚嘆の目が向けられた。

女性の制服に付与されるもの

第二次世界大戦という総力戦では「市民」である女性たちは制度的に動員され、戦争という巨大な暴力の行使に組み込まれた。国家の要請に応えた彼女たちの活動は「公＝男性／私＝女性」というジェンダー秩序を揺るがした。軍隊、警察官など、それまで男性の占有領域であったかに見えた職域に、制服を身につけて進出した。

冒頭のナルニアのエピソードにある「イヴの娘」たちに求められた癒しの仕事、看護は、フローレンス・ナイチンゲールによる改革後、組織や衛生面の改善が見られ、女性にふさわしい職場として確立されていた。「癒し手」としての役割は、一九世紀イギリスの代表的な女性像の「家庭の天使」（Angel in the House）を連想させ、女性の仕事として受け入れられやすかったのであろう。また、軍隊内部や戦場における調理、配膳、清掃といった作業も、家事に通じるものがあることから早くから一部は女性に分担されていた。第一次世界大戦では、戦争に必要な物資を送り出す工場において女性労働者は無視できない存在になった。また、より多くの男性兵士たちを前線へと送りだすため、軍隊の中でも、事務、武器の整備、輸送などの分野が新たに女性たちへと開かれていった。

戦時活動への参加は女性たちのファッションも大きく変えた。あらゆる物資が戦闘の遂行目的に優先的に配分される戦時においては、衣料品も例外ではない。軍隊の補助部隊、警察官、その他、多数のボランティア団体に所属する女性たちが制服を身につけて活動した。

制服は、組織や団体とその活動内容、また、そこへの帰属意識を表象する媒体である。特に軍服は、身につけたものたちの個々の感情を超えて、匿名性のもと、戦争という殺戮行為を遂行させるための重要な装置となる。エルシュタインは、フランス革命に参加した若者たちを取り上げ以下の様に述べている。

> 若者たちは無理やり連れてこられたのだ。彼らは軍事目的に合わせて肉体を訓練させられ、多様な人間的本領を同一の軍服の中へと押し込むという可視的な記号的行為によって、彼らの特色をむしりとられた。記号としての軍服は、その着用者の「素性」を一切明らかにしない。それが軍服の目的の一部である。
>
> （エルシュタイン 111–12）

女性が軍服を身につける時、それは異性の服を着ることを意味し、ジャンヌ・ダルクのように男性領域に侵入した「猛々しい少数者」（エルシュタイン 177）の特徴を呈することになるのだろうか。それとも、総力戦において、もはや「少数者」ではなくなった制服の女性たちは制服の「同一形」に埋没してしまうのだろうか。

> 男装した女性は軍服を着た女性とは同じではない。一人の女性が組織化された軍隊機構の制服《ユニフォーム》を着たからと言って、性の逆転、つまりドラマチックな性の決裂の可能性で私たちに快感を与えてくれはしないからだ。それどころか、その女性は同一形《ユニ・フォーム》になってしまう。（エルシュタイン 270–71）

服飾評論家の辻元よしふみが指摘するように紳士服のほとんどは軍服に由来し、「男らしさ」を作って来た。総力戦下でイギリス女性たちが身につけた制服は確かに「男装」のように「ドラマチックな性の決裂」の可能性は与えなかったもしれない。第一次世界大戦時には、スカートではなく、男性用の衣服と見なされていたズボンやゲートルを着て作業する女性の姿を嘆く声もあったようだ（林田 14–17）。しかしイギリスの場合、軍隊において戦時活動を行う部隊は「補助的な」（auxiliary）という形容詞がつけられ、戦況が悪化するにつれ、「男並み」の貢献と「女らしい」貢献の境界線は曖昧になるものの、男性と同一のものとはみなされていなかった。

　またメディアは制服という「同一形」の中に状況に応じて自分たちに都合のいい差異を見出し、取り上げた。若い女性の制服姿は単に彼女たちの所属と任務を記すだけでなく、メディアの性質によって、そして戦況によって様々に解釈された。「男並み」の仕事に健気に取り組む可愛らしい存在、戦場の男性たちを鼓舞するチアガール、厳しい戦況においては頼もしい存在、として表象される。女性領域を逸脱したはずの彼女たちは、笑顔、若さ、美しさを強調されることによって「女らしさ」を補完された。第二次世界大戦ではより広範囲にわたる業務が女性に解放され、制服姿で戦時活動に従事した女性たちは、雑誌や映画などの大衆メディアで華々しく取り上げられた。国家のために戦う一員であることを視覚的にもアピールする制服姿は、生き生きと輝く女性として当時の人々の目に映り、男性たちを鼓舞したであろう。

第Ⅰ部では、ここで注目する「ガール」たちをめぐる状況について、二〇世紀初頭から第一次世界大戦までを考える。

「新しい女」や「サフラジェット」のような突出した例の背後で、社会は一つの層に注目していた。イギリス社会で、「ガール」と呼ばれる若い女性たちに期待するものが変わりつつあった。彼女たちは「母」として次世代を再生産するだけでなく、結婚までの限られた期間であっても有益な労働を通して国家に貢献することが求められていた。未婚の若い女性が「ガール」という一つの層を形成し、一種の消費者層をも作り上げていった。

ガールたちの制服は、既存の「女らしさ」から飛び出し、「男性領域」へと侵入したことを示す。その一方、ズボンをスカートに置き換える、華やかな差し色を入れる、など、女らしいアレンジを加え、彼女たちに許された領域を再確認させるものでもある。第1章では、独特の制服が印象的なガールガイドを取り上げる。日本ではガールスカウトとして知られているこの運動は、少女たちがボーイスカウトを模したところから始まった。初期のガイドに向けられたイギリス社会の反応と、その背後にある「ガール」に関する言説について考える。

社会のガールたちへの関心は、彼女たちの教育や娯楽へも向けられた。雑誌は同時代のガールに期待されたもの、また彼女たちの中に芽生えた文化を反映している。第2章では雑誌『ガールズ・オウン・ペーパー』を取り上げ、戦間期イギリスの「ガール」の表象について考える。

一九世紀末、広大な帝国の中で各種紛争が勃発すると、兵士を産み、育てる「母」の役割の重要性は中上流階級だけでなく、兵士を再生産する上で重要な労働者階級にまで拡大した。ガールたちへの関心の高まりの理由の一つは、未来の母親になるべく彼女たちの教育への関心の高まりでもある。一方で、一八六〇年以降は女性の法的、社会的地位の向上を目指して運動が繰り広げられる。結婚後の女性の法的立場の弱さについては、兼ねてから問題視されていた。女性をめぐる状況の改善のため、女性たちは参政権を求めた。第3章では、戦間期における女性運動を考える上で、レイ・ストレイチーの『大義』を取り上げる。女性が「市民」として認められ、「参政権」を与えられる過程で、第一次世界大戦以降における女性の貢献は無視できないものであった。「男性領域」であった機械工業、そして軍隊でも女性の労働力が大いに必要とされた。ヴァージニア・ウルフの『3ギニー』はストレイチーの著作を踏まえ、戦争と女性の教育と雇用がいかに関わっているか、更に考察を深めている。シンシア・エンローは湾岸戦争以降の米軍における大量の女性兵士の参戦について、これが男女平等の行き着く先なのか、と疑問を呈した。そして「一級市民」であることが「国のために戦う」ことと強く結び付けられ、「市民権」そのものが「男性化」していることを問題視している（エンロー 145–169）。これに遥かに先立ち、ウルフもまた、女性が「男並み」に国家への貢献へと駆り立てられることがいかに平和を脅かすか、『3ギニー』

で疑問を呈する。

第II部では、第二次世界大戦下の制服ガールたちがどのように当時の雑誌で表象されたのかを見ていく。第一次世界大戦の女性の貢献を踏まえ、第二次世界大戦ではより大々的に女性たちは戦時労働へと動員された。写真週刊誌『ピクチャー・ポスト』、前述したスクールガール向きの『ガールズ・オウン・ペーパー』(以下GOP)、そして未婚の女性から若い主婦をターゲットにした『ウーマン』を取り上げ制服ガールたちの表象について考える。読者層の違うこれらの三誌はそれぞれに応じて、戦時活動の女性たちを表象していた。制服ガールは時代の顔として各誌の表紙を飾っていた。そして複数の雑誌を比較することで、女性の制服姿に付与された異なる意味合いが明らかになる。また、第二次世界大戦期全体における表紙の変化を追うことで、女性の戦時活動の位置づけが変化していくことがわかる。

第1章では、イギリスにおける女性たちの戦時活動を概観する。第2章では『ピクチャー・ポスト』の制服のカバーガールを取り上げ、彼女たちがいかに「民衆の戦争」(People's War)と呼ばれたイギリスの第二次世界大戦のチアガールとなり得たか、について考える。『ピクチャー・ポスト』では女性たちの戦時活動の必要性と有効性を認めつつも、制服姿の女性に、未熟さ、可愛らしさ、時には凛々しさを付与するが、女性自身は「女らしさ」に回帰したいと思っていると期待している。

雑誌は、読者の年齢層、社会階層、趣味・嗜好によって細分化されている。女性向け雑誌でも、その読者層によって、女性の戦時活動への態度は異なっていた。GOPはリクルートに積極的な雑誌の一つであり、制服ガールは、読者である少女たちの憧れとなるべく表象されている。制服ガールは新しい任務により、それまで発揮する機会が与えられなかった能力を発揮し、自己実現を達成しているかのように描かれる。

一方、家庭での女性の役割を重視する『ウーマン』では、戦時活動への参加にはあまり積極的ではなかった。しかし、戦況が悪化し、より多くの女性たちの貢献が求められると、同誌が強調する男性に愛され、欲望される存在としての女性像と戦時活動は矛盾しないことが一連の表紙で伝えられる。エンローは『策略』において、女性を様々な形で軍事化するシステムを暴いた。この二誌のカバーガールたちは、擬似的なキャリア・ウーマンとして、職場の花として、性的対象として、恋人として、結婚相手として、など様々な形で、軍事化に貢献する存在として表象されていたことがわかる。

当時の女性誌では、連載小説や短編など文芸作品も重要なコンテンツであり、制服ガールは、表紙や活動に関する記事だけではなく、こうした虚構の物語にも登場した。第4章では、英国空軍の女性補助部隊でのヒロインの活躍を描いた連載小説「空軍女性補助部隊のウォーラルズ」(*Worrals of the W.A.A.F.'s*)を取り上げる。この頃の若い女性誌を対象にした小説では、理想的な男性との恋愛や結婚を描くのが常套ではあったが、スクールガールを主な読者とした一九三〇年代から第二次世界大戦時のGOPでは、少女たちを主人公とした友情やチームワークを描く学園もの、冒険もの、ミステリーが主であった。ウォーラルズは女性補助部隊に許された任務以上の冒険に身を投じ、結果的には同僚男性からも頼られる存在となる。彼女は、男性ヒーローのサポート役や恋愛対象を連想させる「ヒロイン」というよりは、個性的で「男並み」あるいはそれ以上の冒険を求める「女性ヒーロー」(female hero)の先駆けと言ってよいだろう。

制服が醸す凛々しさは、戦時において男並みの参加、「女らしい」参加[3]の境界線を曖昧にした。一方では、女性の制服に「女らしさ」を付与することで、彼女たちの仕事を補助的なものに固定化してもいる。制服は組織や職業への所属を象徴するが、メディアに登場したガールたちの制服は、彼女たちの新しい役割を約束するものだったのか。それとも国家の都合で、包摂されたり、あるいは排除されたりする、着脱可能なアイデンティティだったのか。輝く制服ガールたちを通して考えてみよう。

注

（1）C. S. Lewis, *Chronicles of Narnia: The Lion, the Witch and the Wardrobe.* Harper Collins, 1998. 103.
（2）「戦闘美少女」という言葉については、斎藤環『戦闘美少女の精神分析』（ちくま文庫、二〇〇六）を参照。
（3）上野千鶴子、加納実紀代他『軍事主義とジェンダー』（インパクト出版会、二〇〇八）、一二二。

引用文献

エルシュタイン、ジーン・ベスキー『女性と戦争』小林史子・廣川紀子訳、法政大学出版局、一九九四。

エンロー、シンシア『策略』、上野千鶴子監訳、岩波書店、二〇〇六。

第Ⅰ部　成長する女の子（Girls Growing Up）の時代

——二〇世紀初頭のイギリス

第1章「私たちもスカウトになれますよね」

――「元祖」制服ガール、ガールガイド運動

日本でも、少年少女の活動として知られているボーイスカウトとガールスカウト。制服という言葉から、世代によってはこちらを連想する人もいるのではないだろうか。

ガールスカウトは元々、ボーイスカウトとともにイギリスではガールガイドとして発展した。この運動の勃興と初期の受容について貴重な資料を収集し、研究したローズ・カー（Rose Kerr）は、ガールガイドを「ボーイスカウトというアダムのあばら骨から生まれたイヴ」と語っている（*The Story of Girl Guides* 1932序）。しかしながら、この「イヴ」の誕生は、「アダム」の予期していたところではなかったようだ。

写真 1-1-1　1910 年のメイフェア第 1 団（Kerr 掲載）

ボーイスカウト・ガールスカウトと言えば、独特の制服やバッジの着用が連想される。当時、少年向けに意図されたスカウト活動に魅力を感じ、既存の「女らしさ」を越境した少女たちに、どのような視線が向けられたの

だろうか。他の少女運動と比較しながら、ガールガイド設立当時の「少女」(girls) をめぐる言説を踏まえ、この「元祖」とも言える、男性領域に踏み込んでいった制服ガールたちについて考えてみよう。

ボーイスカウト運動の創始者ロバート・ベーデンパウエル (Robert Baden-Powell 1857–1941) が、英国陸軍に奉仕した一八七六年からの三〇年余は大英帝国が領土を最も拡張した時期と重なる。彼を一躍、国民的英雄にしたのは、大英帝国の陰りを告げるボーア戦争 (The Second Boer War 1899–1902) での活躍であった。この戦争でイギリスは苦しい戦いを強いられるが、ベーデンパウェルはマフェキングでの二一七日の包囲を耐え抜き、イギリスを勝利へと導いた。この戦争で伝令、郵便配達、見張として援護をした「マフェキング見習い兵団」(Mafeking Cadet Corps) の活躍にヒントを得た彼は『スカウティング・フォア・ボーイズ』(*Scouting for Boys* 1908) を著す。「騎士道」、「フェアプレイ」、「愛国主義」、「スポーツ」の愛好を主張したこの著書は、多くの教育者や少年たちに読まれ、自主的にスカウト活動を始める団体や少年たちが現れた。草の根的に始まったこの運動は、やがて周囲の要請を受け、ベーデンパウエルが中心となり「ボーイスカウト」として統一を図る。

一九〇九年、自主的に活動を進めていたボーイスカウトたちが一堂に集まるラリー (Rally) と呼ばれる大集会が、ロンドンのクリスタルパレスで開かれた。一万一千人のボーイスカウトたちが集う一角に、白いブラウス、青やカーキのスカート、黒のストッキングという出で立ちで自らを「ガールスカウト」と名乗る七人の少女たちがいた。少年向けの活動として意図されていたスカウトに少女たちの参入、という思いがけないできごとにベーデンパウエルは大いに当惑した。

1．ガールガイド――アダムから生まれたイヴ

主宰者には想定外だったかもしれないが、少年たちが歓迎をもって受け入れたスカウト活動は、姉妹たちの興味をもそそることになった。兄弟が楽しみ実践していた『スカウティング・フォア・ボーイズ』を読み、自主的に活動を開始する少女たちが現れ始めたのである。

「私たちもスカウトになれますよね。走ったり、飛んだり、木に登ったり、誰かを追跡したり、……本当は何だってできるんですから」（Kerr 160）

このような手紙をベーデンパウエルに出すものも現れた。少女たちの中には、いわゆる「女の子らしい」活動――針仕事、料理、掃除、机に向かっての勉強――以外の活動を渇望し、自分たちも「男の子並み」に何でもできるという意欲を見せるものがいたのである。

スカウト活動で連想されるのはアウトドアでの活動と、特徴的なユニフォームであろう。キャンプを中心とした戸外での活動はスカウトの重要な要素の一つである。『動物記』で有名なアーネスト・シートン（Earnest Seton 1860–1946）が提唱した「森林生活法」（woodcraft）をベーデンパウエルは取り入れた。従来の少女向けクラブにはなかったこれらの要素が少女たちを引きつけた。少女向けクラブの中には出席を高めるために「スカウト」活動を導入したところもあったようだ。野外活動の楽しさは、やはり「ス

カウト」の重要な要素で、いくつかのパイオニア的な少女たちがその楽しさを手記に残している。サファリスタイルにヒントを得たユニフォームは、現在でも目にすると一目でスカウトとわかる出で立ちである。機能的で動きやすい、それまでの女性の衣服とは異なる独特のユニフォームや、「昇進」を表す細部が、当時の少年少女たちの変身願望を満たす大きな魅力だったかもしれない。兄弟のスカウト姿に触発された姉妹たちが自分たちで似たようなユニフォームを用意し、スカウト活動を始める少女たちが現れた。前述したクリスタルパレスの大集会には一万一千人のボーイスカウトたちが集まり、その数はそれまであった少年向けのクラブ活動や運動の参加者たちを凌ぐものであった。そして、その中に「ガールスカウト」を名乗る七人の少女たちがいた。

同年、ボーイスカウトの定期刊行物『ボーイスカウト本部通信』(*The Boy Scout Head Quarters Gazette*)が創刊され、大集会が大きな記事となった。しかし、そこには「ガールスカウト」たちへの言及はなかった。続く号には、「女子のスカウト採用については、本部に連絡すること。女子用の組織の準備が行われている」と自発的にスカウトを名乗る少女たちを牽制する告知が掲載される(Kerr 28)。ベーデンパウエルは、立ち上がって間もないボーイスカウト運動とそこで掲げられる「男らしさ」が、「ガールスカウト」の出現により、汚され、そして世間から軽んじられることを恐れていた(Dyhouse 110)。

2. 少女向け啓蒙運動と階級

初期のガールスカウトたちへの反応は、当時、周囲が女性をどうあるべきと考えていたかを示すものとして興味深い。「ガールガイド」を立ち上げるに当たり、「トレーニングの開始方法」でベーデンパウエルはボーイスカウトとの違いを明らかにした。

「ボーイスカウト用の訓練は、少年一般——イートン(Eton)出身からイースト・ハム(East Ham)出身に至るまで——に適用される。しかし女子用に細部を変更したとしても、女子一般には適用することはできない。」(Kerr 29)

少年に関してはイートンのような名門パブリック・スクールに子弟を入学させるような家庭から、比較的低所得層、あるいは労働者階級の出身であっても『スカウティング・フォア・ボーイズ』に提示したトレーニングが適用されるが、少女にはそうはいかない。男性には階級によって分断されない「男らしさ」がある一方、女性は同様には認識されておらず、階級によって、訓練法に差異を設けるべきと考えられていた。

少女たちの訓練は、大きな差異を持って運営していかなくてはならない。洗練された少女たちをお転婆(tomboy)にしたくはないが、しかしながらスラムに住む少女たちを引きつけ、堕落の溝から引き上げたいと思う。主な目的は、少女たちにより良き母親として、そして次世代の導き手(guide)としての能力を与えることである。(Kerr 29)

「洗練された」中上流階級の少女たちは、むしろ従来通り家庭などの“domestic”な空間にいることが望まれるが、日々を無為に過ごす下層の少女たちには、スカウトのトレーニングを通して社会や国家に貢献する人材に成長する可能性があると考えられている。

ベーデンパウエルには「スカウト」という語は少女たちの活動にふさわしくないというこだわりがあったようだ。「ガールガイド」は、日本では耳慣れない言葉かもしれない。アメリカに渡り「ガールスカウト」として広まり、日本にも導入された少女を対象にした運動で、現在でも世界中で多くの少女たちが参加している。[1] ジュリエット・ロウ（Juliette Gordon Low 1860–1927）はイギリスでガイド活動に参加し、後にアメリカでガールスカウトを立ち上げた。「スカウト」というネーミングについて、ベーデンパウエルは難色をしめしたが、ロウの決定を変えることはできず、彼の長い軍人生活の中でも数少ない「敗北」の一つと妻のオレーヴ・ベーデンパウエルは回顧している（*Window on My Heart* 136）。

一方、「ガイド」というネーミングには、ベーデンパウエルがインド駐在時に出会った「困難な状況でも手際よく機転が利いて、熱心さと勇気で際立つ」ガイド隊に由来するものである（ヒルコート 388）。このガイドという響きは、一九世紀ヴィクトリア朝の男性の精神的な支え手となる「家庭の天使」をも連想させる。

スカウト活動に使うネーミングにもジェンダーを反映することが要請された。初期のスカウトを名乗る少女たちは、自分たちのパトロール名に、好んで動物の名前（ヤマネコ、キツネ、オオカミ、クマなど）を選んでいた。アウトドア活動にふさわしく、既成の「女らしさ」とは違う「動」のイメージを彼女たちは好んだと思われるが、正式なガールガイドへの転向とともに、可憐な花の名前（バラ、ヤグルマギク、スズランなど）に変更するよう求められる。

ガールガイドに求められた「女らしさ」の付与。これは女性の制服に特徴的である。男性の軍服を模した制服をいかに「女らしく」アレンジするか。多くの場合、パンツはスカートに代わり、色使いにも配慮が見られる。初期のガールガイドたちが兄弟を真似て調達した青やカーキのユニフォームには、赤やピンクの帽子やネクタイ、そして刺繍などを入れるように求められた（Wade 68）。ガイドたちの短いスカート——もちろん今では、かなり控えめな丈にしか思えないが——に驚愕する年配の女性たちも多くいた（Kerr 49）。

足をすっぽり隠す長いスカートを当たり前と考えていたヴィクトリア朝に育った女性たちから見れば、ガールガイドの制服は、ジェンダーを越境する存在として視覚的に訴えた。男性的な制服をいかに女性たちが受容するか。興味深いことにガールガイドが日本に導入されたとき、このプロセスにおけるハードルは不可視化された。一九二〇年、イギリス国教会やミッション・スクールが媒介し、ガールガイド活動は、女子補導会として日本に導入される。(2) 当時の写真では、和装、洋装が入り混じっており、ガールガイドの制服は、むしろ都市部の中産階級を象徴する「ハイカラ」を象徴するものでもあった。

ガールガイドは、ボーイスカウトとともに（ただし合同ではなく）、大英帝国のイベントやパレードに参加する機会も与えられる。これは大いに彼女たちの虚栄心をくすぐるものであっただろう。そこで褒めたたえられたのは訓練の成果ではなく、ガイドたちの清潔で汚れなき美しさであり、帝国のチアリーダー的存在としてもてはやされた（*Home Notes*, 8 December 1910, Dyhouse 112 引用）。

ベーデンパウエルは妹のアグネス・ベーデンパウエル（Agnes Baden-Powell 1858–1945）にガールガイ

ドの統括を依頼する。女性らしい「たしなみ」（accomplishment）に優れたアグネスを前面に出すことは、世の中の女の子たちを「お転婆」にするのではないかという大人たちの危惧や偏見を払拭するのに役立った。それまでの「女らしい」たしなみとは異なる新しさがスカウト活動の魅力だったと考えられるが、女は女らしくというヴィクトリア朝の価値観は根強く、「女らしさ」を強調することによって、ガールガイド運動は黎明期における世間からの非難を避けようとした。

一九一〇年にガールガイドの定期刊行物、『ホーム・ノート』（*Home Notes*）が創刊され、この「お上品」（respectable）な機関紙は、アグネス・ベーデンパウエルの指導の下、一九一一年までガールガイドの活動を報じ、始終、ガイドたちが「お転婆」にならないように警告を送った。

「最初に申し上げたいことは、ガールガイドは女性の運動であることとです。あくまでも女性らしい方法で進めていきます。軍事色は一切無いし、ボーイスカウトのつたない真似事をさせる気もありません。
少女たちをより良き主婦を育てるための教育を行っていきます。料理、清掃、病人の世話から子どもたちの教育や監督など、すべての女性らしい技術を身につけられるように」
（*Home Notes*, 25 August, 1910, Dyhouse 111 引用）

ボーア戦争で露呈した大英帝国を支える男たちの肉体的な欠陥は、それを生み育てた母親に起因するとされ、優れた母親を育てることが国家の重要課題であった。そして女性は「人形」ではなく、夫のよき「パートナー」であり「同志」（partners and comrades）であるべきだと繰り返し主張している（Kerr 30）。

少女たちを母親予備軍としてみなす傾向は、他の少女向けクラブ運動と共通していた。若い頃から働く労働者階級の女の子たちは、勤労少女として尊敬を集めるどころか、国民の「退化」の原因の一つと目され、彼女たちに向けての母親教育の必要性が強く叫ばれていた。労働者階級の少女たちは早い段階で家族や教育機関からの監督を逃れ、労働に就くため、将来、家庭を営む際に必要なことを学ばぬまま、無為に過ごしているのではないかという懸念が拡大していた。そして、こうした少女たちに家庭や職場以外で必要な教育をほどこすためのクラブが推奨される。浪費、「不適切」な余暇の過ごし方、恋愛遊戯、悪い仲間との交際、そして軽率な結婚、これらに該当する少女たちは大英帝国の母親になるには不適合であった。少女向けクラブは、同時期に盛んであった少年向けクラブの好ましい運用のためにも必要であると考えられていたが、異性への興味をいたずらに掻き立てることのないよう男女混合のクラブの設立は認められなかった（Dyhouse 106）。

ナンナレイ女子（Miss Nunneley）主宰の「スノードロップバンド」（Snowdrop Bands 1889–90）は当時のジェンダーと階級に関する見解を大きく反映した活動の一つであった。その名が示すように白い花のように「清い」生活を目指し、「清い精神が肉体、服装、習慣に影響を及ぼす」ように少女たちを指導した。この運動はバーミンガムなどの工業地帯で工場労働に携わる若い女性たちをターゲットにし、くだらない会話や書物に触れないようにクラブ内で彼女たちに約束させ、それを実践することが求められた（Dyhouse 109）。

男性より安い賃金で使えることから女性の労働力は注目を浴びるが、一方で工場労働は、女性の健康、精神、道徳に悪影響を及ぼすと考えられていた。工場労働の単純さ、退屈さへの反動から刹那的な逃避や快楽へと流れがちである。職場の仲間同士で交わされる下品な会話は少女たちから清純さを奪う。特に、既婚女性でありながら労働に従事しているものは意図的に未婚の少女を堕落させる傾向がある。早くから自分で収入を得ることを知り、職場で多くの人と交わりゴシップを楽しむことを知ってしまうと、家庭生活に必要な技を身につけることもなく、結婚後も仕事から離れない堕落した母親になってしまう。このように当時の報告書は記載しており（Dyhouse 106–107）、当時の社会がいかに女性の工場労働を危険視していたかが窺われる。

労働者階級の少女たちは中上流階級の邸宅における家事労働者としても重要な人材であった。これらの階級においては育児、料理、清掃などの家事労働は労働者階級に頼ることがほとんどで、彼らにとって望ましい家庭生活を送るために、労働者階級の少女たちを訓練することが必要とされた。タウンゼンド夫人（Mary Elizabeth Townsend 1841–1918）主宰の「ガールズ・フレンドリー協会」（Girls's Friendly Society 1876–）はイギリス国教会系の保守的なグループで、女主人とメイドという階級を越えた友愛と調和をめざしていた。女主人である中上流階級のレディが未婚の労働者階級の女子に対して保護者のような役割を果たすことが期待される。この運動のミッションも「スノードロップバンド」同様、労働者階級の女性の「清浄化」で、彼女たちに「誘惑」への抵抗力を身につけさせることを目的としていた（Dyhouse 109）。

こうしたクラブ活動は、ある意味では中産階級による労働者階級の「文明化」、また彼らの道徳観を刷り込む場でもあった(Dyhouse 79)。ガールガイド運動も特に初期においては、当時の主な少女向け啓蒙運動と共通した考えを持ち、帝国を支える労働者階級に母親教育を施すという国家の要請を反映していた。「社交場で着飾って無為に過ごしている女性たちにより有益な生き方を示したい」、「学校や職場からの帰宅が遅い。家庭での勤めを理解していない。家庭には疲れて帰ってきて眠るだけ。ガイド運動はこのような状況を変える治療となるであろう」という目的を提示していたのである(Kerr 73)。

一九一二年、待望のオフィシャル・ハンドブック、『ガールガイド・ハンドブック——少女はいかにして帝国建設に貢献できるか』(*The Handbook of the Girl Guides or How Girls Can Help to Build Up the Empire*)が出版される。これは『スカウティング・フォア・ボーイズ』を女の子向けに書き換えたものであり、男の子が主役の挿話は主役を女の子に書き換え、活動の内容には「看護」、「主婦業」、「子育て」など「女らしい」ものが取り入れられた。

> ガールガイドの目的は少女たちに「女性」(women)——自助の才があり、幸福で、豊かで、良き家庭を持ち、良き子どもたちを育てる力のある——になる訓練をすることです……ガールガイドの訓練は、生まれがよいにも関わらず、今のところ無為に過ごしている若い女性たちに国家的な奉仕を行うすばらしい場を提供します。彼女たちは、より恵まれない姉妹たちの指導者になることで、はかりしれない価値をもつ存在となりうるでしょう。(*The Handbook*: Foreword, vii-viii)[3]

男性に保護される「淑女」(lady)になることではなく、より自立した存在の「女性」(woman)となることが期待されている点は、画期的だったのかもしれない。しかし、当初、ガールガイドに憧れた女の子たちは、ここに示された保守的な女性観と目的に肩透かしを食ったことだろう。ガールガイドでも、他の博愛主義的運動同様、より上の階級の女性たちがリーダーシップを取り、より「恵まれない」姉妹たちに対し、指導的立場を取っていた。「母性」はやはり重視され「良き母たれ」（Be good Mothers）という項目では以下のように述べてある。

いつか大人になるとき、あなたは自分が面倒を見て育てなければならない子どもを持つでしょう。だから、子どもたちにどんなものを食べさせたらよいか、歯を丈夫に保つためにはどうすればよいか、たくましく育てるにはどうしたらよいか、そして子どもたちを善良で、勤勉で、尊敬できる、そして私たちの大英帝国に有用な市民となるように教育する術を身につけなければなりません。ガイドであることは、これらを学ぶ唯一の好機です。人生における義務を果たすため「備えよ常に」。そしてあなたの国家のために良き市民を育てるのです。

（*The Handbook* 24）

ベーデンパウエルがボーア戦争の経験を通して得た教訓、「備えよ常に」（Be Prepared）は、彼のイニシャル（BP）を連想させ、世界のスカウトやガイドたちの変わらぬモットーになっている。男性たちの庇護のもと、一個の人格を認められていなかった一九世紀の女性たちに比べれば、この声明は新しく聞こえたかもしれない。しかし、若い女性が人生において備え、訓練すべきことは、「母」となり大英帝国に「有用な市民」を送り出すために必要なことを学ぶことであるならば、この時点では、他の少女向けクラブと大差はないように見える。

3. 第一次世界大戦とガールガイドの戦時貢献

初期のガールガイド運動は、一見、一九世紀ヴィクトリア朝の「家庭の天使」を髣髴させるような「清浄さ」や「母性」を強調し、訓練すべき内容も従来の女性の活動範疇から特に逸脱しているとは思われない。軍事的な訓練を期待した参加者もいたようだが、活動は料理、応急手当や看護など、比較的「女らしい」領域に限られている。自らが戦うのではなく、前線で戦う男性の補助的な役割を担えるよう訓練されていた。スカウト活動に共通する「追跡」(tracking)は、敵を追うのではなく、むしろ傷ついた人を探すためのものであり、「信号」(signaling)は救急車を呼ぶために会得する。

しかしながら「家庭」という「私的領域」での任務を遂行できる能力を身につけることは、単に一家庭の主婦であるだけでなく、母として国家に有用な市民を送り出し、有事の際には家庭生活の技術を外でも発揮し、結果として「国家」という「公的領域」への貢献へもつながるのだという見方を明らかにしている。まだ統一された組織や規律のない一九一〇年創設の頃、全国に散らばっていたガイドたちは薄いパンフレットA、Bの支持に従っていた。パンフレットAには基本的なルールが掲載されており、パンフレットBは次のような呼びかけで始まっている。

少女たちよ！　あなたの街や村の周りで戦いが始まっていると思いなさい。……あなたはどうしますか。座りこみ、手をこまねいて泣くだけですか。それともきびきびと外へ出て、あなたの代わりに戦い、傷ついている父たちや兄弟たちを助けられるよう何か行動しますか。（Kerr 73–4）

この勇ましいこの呼びかけは、現在では削除されている。ボーア戦争後から第一次世界大戦前の緊張した国際情勢を反映し、有事に際し、「国家」に貢献するよう少女たちを鼓舞する内容になっている。ガールガイドたちがその有事を目の当たりするのにそれほど時間はかからなかった。一九一四年八月四日、英独戦が始まると、ガールガイドは戦時奉仕について緊急会議を開く。第一次世界大戦の頃より、ガールガイドの運営はアグネスから、ベーデンパウエルの若き妻、オレーヴ（Lady Olave Baden-Powell 1899–1977）へと引き継がれる。オレーヴは理事（Commissioners）制度を整え、自治体や各種施設との連携を強めた。また、アグネスによるハンドブックや『ホームノート』の代わりに、『ガールガイド通信』（*Girl Guide Gazette* のちに *The Guider*）を創刊する。一九一四年八月号では戦時奉仕への参加が呼びかけられる。

あなた方のバッジが今こそ有効となるのです。あなた方の中で応急手当、看護、料理、自転車、編み物、あるいは園芸に秀でるものはいませんか。実際の戦争という悲しく危機的な状況に直面して、非軍事的ではあっても、あなたがたガイドたちが有用である領域はまだ広くあることをお伝えしたいのです……私の提案は特にドラマチックなものではありませんが、かといって私たちの英雄たちが戦場で傷つき倒れているときに、座り込んで何もしないのは決して英雄的（heroic）ではありません。

（*Girl Guide Gazette* No. 8 August, 1914.）

ガイドたちは、「非軍事的」（non-military）な活動の範疇とされる、病人や負傷者の輸送と世話、病院や託児所において、料理、裁縫、洗濯、子どもの世話などの戦時奉仕を積極的に行った。通信に掲載される「少女のための戦時奉仕」（War Work for Girls）では、様々な奉仕の形が提案された。中には前線の兵士たちに送る読み物を集めたり、寄付金を集めてフランス駐屯地に娯楽施設や救急車を贈呈したりという活動もあった。「愛国心」に燃えていた戦時奉仕に係わったガイドの中には、結局、活動の内容が裁縫や古紙収集に終始したことに少なからずがっかりしたという記録もある（Kerr 74）。

ガイドたちの戦時奉仕に対しては一九一五年五月からは、以下の条件を満たし、キャプテンの推薦を受け、理事の承認を受けたものには「戦時バッジ」（War Badge）が授与される。

1. 病院、保育、その他の公的部署、あるいは各種協会、ガールガイド・ホステルにおける二一日以上の奉仕。
2. 靴下、手袋、スカート、パジャマ、子ども服、婦人服、ベルト、ベッドカバー、水兵、兵士、シー・スカウト（Sea Scouts）、ベルギー難民、

写真 1-1-2 「世界のチーフ・ガイド」オレーヴ・ベーデンパウエル（Kerr 掲載）

3. その他のために、一五点以上の編み物や裁縫を行う。二一日間、七つの作業を以下にて行う。政府関係の戦争に関連するもの、あるいは、公共職業安定所による「女性の戦時奉仕」（War Service for Women）すなわち農作業、酪農、市場での作業、園芸、養鶏、武器製造の軽機械作業、衣料製造、ブラシ製造、など。　（Kerr 126）

『ガゼット』の「今私たちがやっていること」という欄では活動内容が報告された。戦況が総力戦の様相を呈してくると、女性も積極的に経済活動、銃後活動に参加することが求められ、国家の危機において、日ごろから訓練されたガイドたちの姿に社会の評判は上がる。一九一五年九月には、ガールガイドは政府公認の運動として認められる。一九一六年、そして一九一七年には、ガイドたちの積極的な募金活動により、救急車と慰安施設がフランスの前線へと寄付される。制服姿の有能な少女たちは、赤十字のヴォランタリ救護部隊（Voluntary Aid Detachment, VAD）が欲しがる人材となった。第一次世界大戦は確かにガールたちが「国家」に貢献できることを社会に認知させたのである。

ボーイスカウト同様、ガールガイドがどのくらい「帝国主義」や「軍国主義」（militarism）に関与していたかは議論されるところである。『スカウティング・フォア・ボーイズ』が広く受け入れられた背

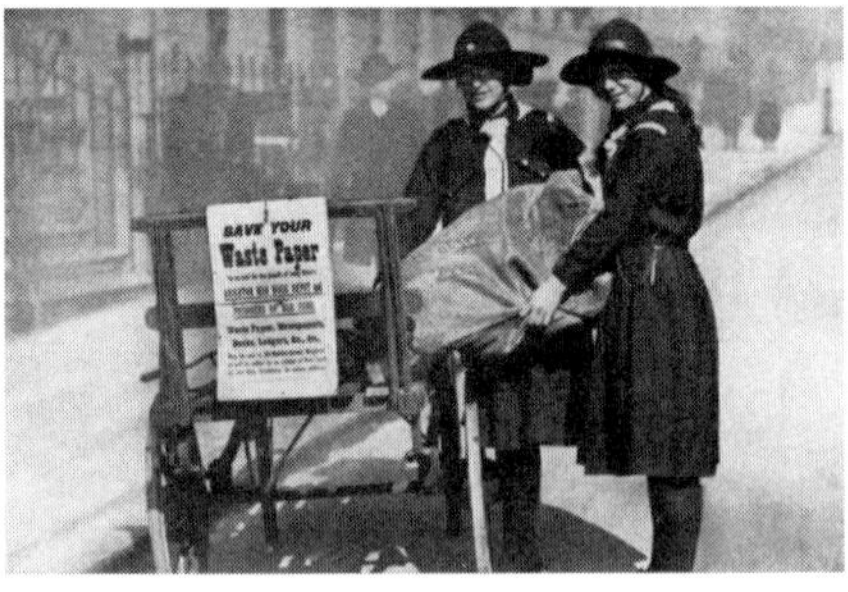

写真 1-1-3　1915 年の戦時活動（Kerr 掲載）

景には、ボーア戦争で露呈したイギリス軍人全般、特に労働者階級出身の男性の体力のなさへの不安、そしてそこから派生した人種の「退化」への懸念がある。「国民の衰退」(the deterioration of our race) という時代のキーワードはこの著書でも引用され (Badenpowell 184)、当時のエリートや中産階級と同じ懸念をこの著書は共有していたことがわかる。ボーア戦争のヒーローとしてのベーデンパウエルのイメージに加え、第9章「愛国心、あるいは市民の義務」では英国の威信の堅持を主張するなど、彼の著書や活動には「愛国的」なものと解釈される条件は整っていた。

ボーイスカウトとガールガイドは「戦争の美化」、「愛国心」の煽動ではなく、第一次世界大戦以降は、敵も味方もない「人道主義」、「国際協力・親善」を指導者たちは強調してきた。しかしながら、ボーア戦争から第一次世界大戦までの緊迫した社会状況の中では、ボーイスカウト同様、ガールスカウトに対しても軍事的なものとして解釈する人も少なくなかった。「兵力増強」か、「国際平和・親善」か、ボーイスカウトの役割については意見が分かれるところである。大きく分けて「市民教育」がその趣旨であるとする立場と、「市民教育」はこの運動の持つ「兵力増強、最年少の国防軍」といった面のカモフラージュにすぎないと考える立場がある。「愛国心」を掲げるこの運動に関して、少年や少女たちの「軍事的」なものを期待し、戦争を無批判に受け入れる態度を問題視する批評家もいる(4)。

当時の少年少女を対象にした文化活動一般に関して、ジョン・マッケンジーは「学校教育、児童向け大衆文学、そして課外活動すべてが労働者階級の帝国的、軍事的意識を高めるために使われていた」と論じている。受け入れる大衆側にもベーデンパウエルの著作や活動を軍事的なものとして感じ取る土壌はできていた。戦争に関する動機 (war motive) がまだ戦地に行けない少年少女たちにとってのインセンティブとなり、軍事的な活動をガールガイドに期待した少女たちも存在した。ボーイスカウトが少年たちにとってそうであったように、少女たちにも「愛国心」はアピールしたのである。

4. 制服ガールたちの繋がりへ

ボーイスカウトを真似て現れた最初の「ガールスカウト」たちは、既存のジェンダー規範を越境するように見えたかもしれない。しかし、ガールガイド運動の黎明期におけるガールに関する言説と彼女たちの成長を促すべく提供された活動は、当時のジェンダーと階級に関する考え方を反映していた。「母性」はこの運動の正当性を主張する重要なキーワードで、ガールガイドの指導の過程で繰り返される。「母性」の強調はガールガイドだけに特有のものではなかった。この運動以前にも、少女や若い女性たちを対象とした「啓蒙」運動が見られたが、その多くが中産階級の女性による、特に労働者階級の少女たちの「清浄化」を目的としていた。そして大英帝国の次世代を担う人材を生み育てる「帝国の母」となる女性の教育を目指していた。国民の「退化」が懸念されていたこの頃、子どもを生み育てる女性の再教育は国家の最重要課題の一つであり、ガール＝未来の母親と考えられていた。「母親」が個人的な「家庭」のためではなく、「国家」に有益な「市民」を送り出す役割を担うことがより明確に示されるようになった。

母親という役割以外にも、国家に有用になりうる人材の鉱脈としてガールたちが注目されるきっかけを作ったのは第一次世界大戦であった。総力戦は、育児、料理、衛生といった家庭内労働のスキルが社会に有用なものとして認識され、戦時下においてはガイドたちの活躍が社会に認められた。

ガールたちは、男性に頼る「淑女」ではなく、より自立し、自発的に行動する「女性」へと成長することが求められるようになった。しかし、こうした一見、女性の社会進出が見られた時期は、大量の成人男性を戦場へ送った時期と重なっている。一九一四―一八年の間にイギリスでは一〇万人の女性たちが制服を着用し、軍事工場での労働、兵器の整備、看護、通信業務など銃後活動に従事した。かつてマフェキングで少年たちが軍隊を補佐したように、大人の女性たちの手のまわらない家事労働を少女たちが引き受けざるを得なかった。戦場に赴く男性たちの労働力を補填するものとして、女性や少女たちの力に期待が集まった。

第一次世界大戦時、オレーヴ・ベーデンパウエルは、他の制服を身につけた女性たちとの繋がりを強固にする。軍隊で戦時活動に身を投じた女性たちとである。女性海軍補助部隊のヴェロニカ・アースキンや、女性空軍補助部隊のバーバラ・アンソン、そしてフランス戦線で、陸軍女性補助部隊と女性空軍補助部隊を率いていたヘレン・グィンヴォーンである。戦後、オレーヴが船を用いた海岸での活動を行う「シー・ガイド」（Sea Guides）を立ち上げるとき、これらの有能な制服女性たちの尽力を仰いだ。一九二〇年にグィンヴォーンは、ガールガイドの執行部に招聘され、成人女性のガイドに与えられる最高の称号である Silver Fish を授与された。

一九〇九年に六千人だった参加者は、第一次世界大戦勃発時には四万人と戦時中に爆発的に数を伸ばす。一九二〇年にはジョージ五世のメアリ王女の支持を得たこともあり、一九三二年にはその数は四九万五千人に達した。この中から、第Ⅱ部以降に扱う第二次世界大戦の戦時活動にどれほど参加したか、また、どのくらいのガイドたちが、その後、どの部隊に貢献したかは明らかではない。しかし、第一次世界大戦時のガールガイドは「役に立つ」（useful and handy）制服ガールのイメージ作りの一端を担った。

注

（1）日本におけるガールスカウトの発展については、ガール・スカウト日本連盟『ガール・スカウト　半世紀の歩み』、矢口徹也『女子補導団』他を参照。

（2）女子補導団については、矢口を参照。

（3）『ガールガイド・ハンドブック』は藤本茂生編復刻版 *Boy Scouts and Girl Guides in the UK : A Collection of Early Sources* Vol. 2 所収による。

（4）市民教育を強調するものとしてはティム・ジール、愛国心や軍事主義を批判的に見るものとしてはJ・O・スプリンゴール、アン・サマーズ、ロバート・マクドナルド等が挙げられる。

引用文献

Baden-Powell, Olave. *Window on My Heart: the Autobiography of Olave, Lady Baden-Powell, G.B.E. As Told to Mary Drewery*. Hodder and Stoughton, 1973.

Baden-Powell, Robert. *Scouting For Boys: A Handbook for Instruction in Good Citizenship.*（The Original 1908 Edition.）Oxford UP, 2004.

Dyhouse, Carol. *Girls Growing Up in Late Victorian and Edwardian England*. Routledge, 1981.
ガール・スカウト日本連盟『ガール・スカウト――半世紀の歩み』ガール・スカウト日本連盟、一九七一。
藤本茂生編　*Boy Scouts and Girl Guides in the UK: A Collection of Early Sources*. (The Foundation of the Boy & Girl Scout Movements, Series 1) Vol. 2.　ユーリカ・プレス、二〇一二。
ヒルコート、ウィリアム『ベーデンパウエル――英雄の二つの生涯』安齋忠恭監訳、産調出版、一九九二。
Jeal, Tim. *Baden-Powell: Founder of the Boy Scouts*. Yale UP, 1989.
Kerr, Rose. *The Story of the Girl Guides*. The Girl Guides Association, 1932.
MacDonald, Robert H. *Sons of the Empire: The Frontier and the Boy Scout Movement 1890–1918*. University of Toronto Press, 1993.
Mackenzie, John M. *Propaganda and Empire: The Manipulation of British Public Opinion 1880–1960*. Manchester UP, 1985.
Springhall, J.O., "Lord Meath, youth and Empire', *Journal of Contemporary History*, 5,（1970）, 97–111.
———. "The Boy Scouts, Class, and Militarism in Relation to British Youth Movements, 1908–1930," *International Review of Social History*, XVI（1971）, 125–58.
———. "Baden-Powell and the Scout Movement before 1920: Citizen Training of Soldiers of the Future?" *English Historical Review* 102（1987）', 934–42.
Summers, Anne. "Scouts, Guides and VADs: A Note in Reply to Allen Warren." *English Historical Review* 102 (1987), 943–47.
矢口徹也『女子補導団――日本のガールスカウト前史』成文堂、二〇〇八。

Wade, E. *The World Chief Guide: Olave, Lady Baden-Powell*. Hutchinson, 1957.

第2章
雑誌『ガールズ・オウン・ペーパー』に見る戦間期のガール

いつの世も既存の規範を逸脱した女性は人目を引き、名前を与えられる。一九世紀末から第一次世界大戦にかけて注目された女性像の一つに、精神的にも性的にも自立していることが特徴的な「新しい女」(New Woman)が小説に現れた。(1)また一九世紀末から女性参政権獲得のために時には暴力的な行動も厭わない過激な運動を行った「サフラジェット」(Suffragette)が、人々の目を引いた。この二つの女性像は、双方とも行動する女性として、ヴィクトリア朝の「家庭の天使」、そして家庭外での労働はもちろん、家事さえも行わず、音楽、外国語、刺繍などの「たしなみ」を身につけ、優雅な生活を送る「パーフェクト・レディ」とは相反するものであった。

一方、二〇世紀初頭のイギリス社会では、「ガール」という若い女性の存在感も高まっていった。少女は成長して、「帝国の母」となり再生産に貢献し、また、男性よりも安価な労働力を提供する。そして有事には「市民」として大いに「国家」に貢献することが期待されていた。

未婚の若い女性が階級を越えて、「ガール」という一つの層を形成する。その層に対応するメディアが彼女たちのあるべき姿を発信し、一種の消費者層を作り上げていった。『ガールズ・オウン・ペーパー』

はそうしたメディアの一つであった。ここでは一九世紀後半からガールたちの支持を得た雑誌『ガールズ・オウン・ペーパー』とその発展、戦間期のイギリスにおけるガールの表象について考える。

1.「ガール」か「ウーマン」か？

一八八〇年創刊の若い女性向け雑誌、『ガールズ・オウン・ペーパー』（*The Girl's Own Paper*、以下GOP）は、当時の社会が女性たちに期待するもの、また女性たちのニーズを知る上で示唆的である。

一八七〇年の初等教育法は識字率を向上させ、多くの若年層が新しい読者として注目を浴び始めた。女性向け雑誌の創刊も相次ぎ、一八八〇年創刊のGOPもその一つとして数えられる。一八七八年「宗教叢書協会」（Religious Tract Society）は少年向け雑誌、『ボーイズ・オウン・ペーパー』（*The Boy's Own Paper* 以下BOP）を創刊する。これは巷《ちまた》に氾濫していた安価で扇情的な読み物に代わり、娯楽と教化の両方を提供することを目指していた。現代に至るまで多くの雑誌が女性誌・男性誌とジェンダー化されている一方、必ずしも読者は与えられた枠組に縛られているわけではない。ここにも、ガールガイドに見られたように兄弟の姿に憧れる女の子たちの存在があった。BOPは読者層としてターゲットにしていた少年たちだけではなく、その姉妹たちにも支持されるようになった。そのニーズを受け、一八八〇年にGOPが創刊し、BOPの二倍と言われる二五〇万部のシェアを誇るようになる。BOPが一六歳くらいまでの少年たちを読者として想定した一方、GOPは少女たちだけでなく、二五歳くらいまでの未婚の若い女性を含む幅広い層に渡っていたことが読者層を拡大した理由の一つに挙げられる。

この広い読者層は雑誌名や編集方針を度々変更する一因ともなった。GOPは週刊誌として、一八八〇年一月三日に出版が開始され、一冊一ペニーで販売された。内容は、連載小説、短編小説、詩やヴィクトリア女王の少女時代、ファッションや料理に関する記事であった。読者からの手紙や作品の投稿を促すようなコーナーもあった。出版元は、BOP同様「宗教叢書協会」の余暇の過ごし方を提案する部門（Leisure Office）であった。一九〇二年には、より出版を専門とする部署（*The Girl's Own Paper* Office）が立ち上げられ、一九三九年からは、ラタワース出版にて継続された。GOPは週刊誌であったが、一月分をまとめて出版したもの、そしてクリスマス商戦を狙って美しく装丁された*Girls Own Annual*が毎年出版された。

雑誌の名前には時折、変動が見られる。月刊で出版されるものは後に*The Girls Own Paper and Woman's Magazine*と改名、年刊のものは*The Girls Own Annual*のままであった。一九二九年年以降は、*Girl's Own Paper*と*Woman's Magazine*という雑誌名の混乱が見られる。この頃から*Girls Own Annual*と*Woman's Magazine*及び*Woman's Magazine Annual*は分冊されるようになる。

一九〇七年までは、チャールズ・ピーターズ（Charles Peters）が編集長を務め、「英国の少女と女性たちの最も高貴な部分を育み、発達させる」、「選りすぐられた内容を扱い、くだらないものは入れない」という方針

写真1-2-1　フローラ・フリックマンの時代は繊細な花模様の表紙が特徴的である。

を打ち出し、しかも、「説教臭すぎず楽しめるもの」となるよう努力した。(2)

一九〇七年ピーターズの死去の後は、フローラ・クリックマン（Flora Klickmann）が編集長に就いた。彼女はそれ以前にも女性向け雑誌や国内、国外での宣教活動をサポートする聖書会（the British and Foreign Bible Society）の会報（*The Foreign Field*）の編集を担当していた。GOPにも海外での宣教活動も含め、若い女性を対象としたキャリアに関するコーナーが導入され、読者の質問に編集部が答えるコーナーには、関連する質問が多く寄せられた。

その後、グラディス・スプラット（Gladys Spratt）が編集長になり、六二巻を最後に戦時下の紙不足により週刊誌から月刊誌に変わる。この頃には、「できるだけ多くの読者に回覧し、その後は廃品回収箱に入れてください」という言葉が誌面に登場する。後述する第二次世界大戦下の制服姿の女性補助部隊たちが誌面に現れたのもこの頃である。

戦争は誌面にも影響を与え、第一次世界大戦の勃発とともに、材料を節約した料理や軍隊に送る編み物、王族の病院訪問などが取り上げられるようになった。一方、詳しい戦況や戦争の恐ろしさについては言及されることはなかった。

2. GOPに見る女性のキャリア

戦間期、若い女性の人生計画は新しい局面を迎えていた。一九〇〇年代には相変わらず多くの若い女性は結婚することを当たり前と考えていたし、実際にそのように希望していた。しかしながら一九一九年には、多くの男性たちが戦場に倒れ、一人で年金生活を送らざるを得ない女性たちが増加した。GOPはこの状況に反応して、若い女性に自分の受けた教育を活かし、そして仕事を選択し、キャリアを積むことを求めよと呼びかけた。

GOPでは、早い段階から「キャリア・アドバイス」という紙面が設けられ、例えば一九三九年の年刊版を紐解くと、「キャリア」に関するシリーズが連載されている。筆者はロマン・ジェイムズ（Romanne James）で、「主婦のためのハーブ」の筆者でもあると説明されていることから、実用向きの記事を担当していたようである。毎回、一つの職業が若い女性の選択に相応しいものとして紹介されている。その中には、足のマッサージ師（chiropody）、精神科の看護、薬剤師などの医療の現場で働く女性たちが写真入りで紹介されている。ヴァージニア・ウルフが『3ギニー』で取り上げているように一九一九年に施行された性差別廃止法によって、建前では、公務員を含め、女性にも平等に職業の門戸が開かれた（ウルフ 22）。教育、医療現場についで、女性を受け入れるに至った建築分野については、建築協会で司書をやっていたイーニッド・L・カルディコット（Enid L. Caldicot）のインタビューが掲載されている。一八九九年には、王立英国建築家協会所属を名乗れる女性は二名しかいなかった。彼女らがその称号を名乗るに至るまで様々な物議が醸されたことは想像に難くないが、一九一七年には、四名だった女性建築家が、この頃には建築協会学校の二六〇名の学生のうち、四九名が女性であったとのことである（同号 431）。

女性警察官や探偵も紹介されている。「C.S.（Civil Service）というと、父親たちは娘が公務員になるのだと喜ぶかもしれないが、私がめざすものはもっと華々しく、ロマンチックなものです」（"What

写真1-2-2 「1930年代のGOP年刊版」

we want is something with Glamour, something Romantic—”567）と始まり、女性警察官の仕事が紹介される。女性警察官の仕事といえば、不慣れな女性旅行者や、公園で遊ぶ子どもたちなどを担当する男性警察官の補助的な役割として捉えられていた。しかし、この頃、スコットランド・ヤードで仕事に従事する女性は一五〇〇名に達し、探偵職（detective）や私服警察として活躍した女性もいた。

　女性のキャリアへの志向が進む中で、それまで「レディ」が実際に行うには卑しい仕事とされていた家事にも新しい視点が加えられた。妻は精神の癒し手であるばかりではなく有能な主婦であるべきであり、自分の手で家庭を居心地の良い場所にし、家事をきりもりすることが求められるようになった。もはや家事は卑しいものではなく、家庭を変えるクリエイティブな作業として見直されるようになった。『ウーマンズ・マガジン』に掲載されているメアリ・スチュアート・ペイトン（Mary Stuart Payton）の「私の魔法の場所」（“My Magic Spot”）という詩では、台所が女性にとって創造の場であり、家族のために調理する喜びを歌っている（193）。また、家事に優れた手腕を示し、それを講師として人に教える女性も現れた。ここではキャリアとして、花嫁修業として家事や家政を教える学校の教師が紹介されている（232）。こうした講座はイギリスの植民地、あるいは旧植民地でも開講され、カナダ、南アフリカ、そしてオーストラリアの多くの若い女性が“Mother

Country ways"を学ぶためにやってくるのだと紹介されている（233）。ガスや電気器具の導入は家事にかかる時間を削減し、料理、掃除、洗濯と複数の家事使用人を雇わずとも中流階級のライフスタイルを維持することを可能にした。人件費削減のため、ガス器具が普及し、ガス器具のショールームでは、訓練を受けた女性販売員が活躍した。そのようなショールームでは、ガス器具についての講義やデモンストレーションが行われた（628）。

3．連載小説に見る女性のキャリア形成

ＧＯＰは、時代の流れと若い女性のニーズをつかみ、それを誌面に反映した。こうした雑誌では、実用的な記事と同時に、連載小説、詩などのフィクションにも多くの紙面を割いている。そして雑誌小説は、当時の女性観の変化を反映している。オナー・ウォードは、第一次世界大戦後の若い女性たちが置かれた状況と、小説のテーマの変化について以下のように述べている。

ＧＯＰに手紙を寄せていた若い女性たちは、思いもかけず自分たちが自活しなくてはいけないことに気づいたのである。彼女たちが受けた教育は、単に怠惰な人生を送るためのものだったに過ぎなかったのだが。そしてこれは多くのフィクションのテーマでもあった。裕福な父親の破産、甘やかされ自分勝手な兄弟、何もできずソファーに横たわる母親、そこで勇敢にも教育を受けていなかった娘が家族の重荷を背負うのだ。親切で男らしい婚約者が彼女を救うために現れるまで。(3)

時代の変化に手をこまねくばかりの母親世代に代わって、娘世代が立ち上がることが期待されている。ここでは、家庭における女性の役割、若い女性における「キャリア」という観念の芽生え、そして家事労働の位置づけについて、小説にどのように時代の変化が表れているか、メイ・マーシャル（May Marshal）著の連載小説、「ロビーナの落穂拾い」（"Robina Picks up the Pieces"）を一つの例として取り上げてみたい。これは一九三九年六〇巻第一号から一二号までメアリ・マウントスティーヴン（Mary Mountstephen）の挿絵とともに連載された。

タイトルにある主人公のロビーナ・ウェンレーク（Robina Wenlake）は第一次世界大戦以前に青春時代を過ごした五〇歳。手持ちのお金はわずか五ポンドで悪名高い救貧院（Work House）――チャールズ・ディケンズの『オリヴァー・ツイスト』でその悲惨な状況は広く知られるようになった――に送り込まれることを恐れている。再就職しようにも自分には「今風の資格」（modern qualification）も無いし、事務職に着く小綺麗な若い女性たちに太刀打ちできる美貌ももはや無いと嘆く。

ロビーナが二〇代の頃は、まだ女性が職に就くことがあまり歓迎されていなかった時代で、彼女は苦労して就活し、パルドー（Pardoe）氏の経営する古めかしい会社の秘書のポストを手に入れた。キャリア・ウーマンの先駆けであったロビーナの生活は当時の二〇世紀初頭の若い女性のライフスタイルや興味の対象を伝えている。彼女は働く女性のための寮（Working Women's Hostel）で暮らし、余暇には、女性参政権運動や社会主義的な運動を展開するフェビアン協会の会合に顔を出したり、ディベート協会やオペラ講座に参加したりしていた。給料はささやかなものであったと考えられるが、その中から旅費を工面し、ナポリ、パリ、ベルリンやオランダなどへの安価なツアーを利用し、休暇を過ごす。ロビーナは、決して倹約家ではなく、そのときの自分の欲望と流行にまかせて消費を楽しむモダンガールだったと言えるだろう。

パルドー氏の事務所が閉鎖に追い込まれると、ロビーナは自分が勤めた時代遅れの職場は後のキャリアにつながるものを何一つ残してくれなかったことに気づく。すでに事務職には必須となりつつあったタイプライターを使用していなかったため、よりモダンな事務所で働く道を絶たれてしまう。鏡に映った自分の姿を見て、「まるでくたびれたメイドだわ」とため息をつくが、そこから「どんな女でも、掃除や料理はできる」と思いつき、家事使用人専門の職業斡旋所のドアをたたく。そこで突きつけられたのは以下のような言葉であった。

「あなたは、**本当に**自分が役に立つとでも思っていらっしゃるの。家事労働は**技術を要する**職業で、無能な使用人は今どきお呼びじゃ**ありません**よ」（筆者訳、強調は原文）

必ずしも「プロ」とは捉えられてはいなかった家事使用人がここにきて、一種の専門職としての様相を呈してきた。この分野でも、特筆すべき資質や経験が何もないと見なされたロビーナは、リストの中に **"DPA"**、すなわち「至急、とにかく誰でもいい」（Desperate, Practically Anybody）と印のある、デルズ通り一五番地（Dells Avenue. 15）のダンデーン（Dundane）家で雇われることになった。

住み込みの家事使用人と言えば、長い拘束時間、過酷な労働、安い賃金、主人やその家族との隔たりなどがそれまでもイギリス小説のネタになってきた。この頃を代表する家事使用人小説と言えば、ディズニー映画にもなっている『メアリ・ポピンズ』（*Mary Poppins* 映画邦題は『メリー・ポピンズ』）であろう。P・L・トラヴァース（Pamela Lyndon Travers 1899–1996）がこの小説を発表したのは一九三四年である。これまで数多くのナニーの手を焼かせてきたバンクス家の子どもたちを魅了し、家庭に平和をもたらした敏腕ナニー、メアリ・ポピンズ。そこには、一家の主が持ち帰る給料をやりくりして、体面を保つために、必要最低限の家事使用人を雇わなければならない中産階級のジレンマが見え隠れする。戦間期、それまでにない職業選択が女性にも与えられ、安価な給料で有能な家事使用人を雇うことはますます困難になっていた。夢のように有能なナニー、メアリ・ポピンズの存在は、子どもたちだけでなく、その親たちの願望も反映していたのである。

一方、ロビーナは選択の余地のない就職で家事使用人として厳しい毎日を始めることになった。仕事は、朝六時の玄関先の階段を磨くことから始まり、夜一一時までの一七時間に及ぶ。まだ通りを歩く人もまばらで、家のものが誰も起きていないうちに汚れた玄関先の階段を磨き上げておくことは、リスペクタブルな中産階級以上の家庭にとって一種儀式的な行動であった(4)。一方、一介の家事使用人がむっつりとした主人や夫人とはろくに言葉も交わすことはない。

読者は、使用人であるロビーナの目を通して、この家庭で何が起こっているのかを目の当たりにする。コミュニケーションの不在は、使用人と主人夫妻の間だけではなく、この家族の間にも顕著であった。子どもたちは、自分の親をわからず屋で、人生の愉しみを理解しない人物としてとらえている。ダンデーン家の子どもたちが親に感じる不満は、この小説が連載されたGOPの読者が共有するものであっただろう。

　間もなく子どもたちはロビーナに心を開き、そして彼女が子どもたちと両親がお互いを理解するように促す。最初にロビーナに心を開いたのは音楽学校でヴァイオリンの才能を磨く長女のキャスリーンである。彼女は自分の将来に関しては悲観的である。音楽学校のディプロマを修了しても、結局は、音楽をさほど理解しているわけではない良家の子女にヴァイオリンを教えるしか職はなさそうだと嘆く。キャスリーンは両親が寝静まった後、こっそりと男女の友人を家に連れ帰り、ロビーナの庇護と理解の下、楽しいお茶会を開くようになる。これはロビーナのただでも長い労働時間を更に延長させ、睡眠時間を減らし、更にパーティの準備と後片付けという余計な労働をつけ加えるものであった。しかしキャスリーンという友人ができたことにロビーナは深く感激し、自分の給料から持ち出しで材料を買い、お客をもてなす菓子をも用意する。一方、ロビーナと話すようになったキャスリーンは彼女の身の上話を聞き、「老いてまで奴隷のような仕事に就く」ロビーナに比べると自分はいかに恵まれているのかを知り、両親に自分を理解してもらおうと努めるようになる。

　住み込みの家事使用人にとってのオフは何よりも心待ちにするものであった。4章では、ロビーナの初めてのオフについて言及される。一週間に一度の半日だけのオフをロビーナは心待ちにし、余りにも多くの計画を入れていた。この計画には当時の余暇の過ごし方が反映されている。まず図書館から本を借り、その後は少しでも家事の腕を磨くためガス会社のショールームで料理の講義を受ける。この部分はGOPが「キャリア」記事で紹介した家事のエキスパートの活躍を思い起こさせる。ガスや電気が台所を近代化し、それに伴い調理器具や家電が変化していくのは、雑誌の広告からも窺われる。そして借りた本を読みながら、給仕される側になってティールームでお茶を楽しむ。その後、ハイド・パークで散歩、そして夜七時にはかつての上司パルドー氏と映画に行こうと計画を立てていた。ところが少しの昼寝のつもりが寝過ごし、パルドー氏との約束にやっと間に合ったくらいであった。ロビーナの新しい生活の話を聞き、氏は彼女の過酷な仕事は彼女の品位を下げるものだと考えた。

ダンデーン家の三人の子どもたちはそれぞれ年齢相応に、恋愛、将来の選択、余暇の過ごし方などについて両親に秘密を持っている。そして、両親は自分たちを全く理解してくれるはずがないと思い込んでいる。むしろ音楽や文学を愛し、余暇を充実させることに余念のないロビーナにより親しみを感じている。ロビーナはこの親子間にある世代の溝を埋める役割を果たす。長女キャスリーンには、二人の崇拝者がいる。妹のドロシーはその様子を見て、裕福な崇拝者と結婚し、自分の親が後押ししてくれない音楽の才能を思い切り伸ばしたらいいと思う。しかし、ロビーナはむしろキャスリーンが早急に結婚という安易な道を選んでしまうことを懸念する。また、秘密のお茶会が厳格な父親の知るところとなり、協力者であるロビーナは主人の信頼を失う。そこへ長男で医学生のジョンがベラ・ジョーンズという若い女性を連れて帰宅し、父親の怒りに油を注ぐ。

次女のドロシーの秘密は当時の若い女性のキャリアをめぐるジレンマを表している。あるオフの午後、ロビーナは、ジョンの車に乗り——今どきの男性にとって、自動車は「必須アイテム」と考え、両親に内緒で家庭教師のバイト代で自動車を購入していた——サリーにあるホテルでのお茶に招待される。そこに現れたのは、職場に出かけているはずのドロシーとジョンの恋人ベラであった。以前から料理に興味のあったドロシーは学校を卒業したら家事手伝いをすることを希望していた。しかし、父親は娘に事務職を勧め、ゆくゆくは女性の花形職業である秘書になるよう希望していた。しかし、父親に勧められた就職先を解雇されたドロシーは、ベラが秘書兼受付を務めるホテルに再就職し、料理の勉強をしていた。一方、ベラは、早くに母親を、そして軍人だった父をアフガニスタンの前線で亡くしたため、肺の病気があるにも関わらず、自活しなくてはならない身の上だった。ジョンは友人であるホテルのオーナーの息子を通じ、ベラと知り合い、二一歳になったので二人の婚約を発表したいと思っていた。そして子どもたちは、この伝えにくいニュースを両親に伝える役割をロビーナに期待する。

そんな折、ダンデーン氏は麻疹《はしか》にかかり床に伏す。夫人は勉強で疲れているジョンを煩わせるのを恐れていたが、ロビーナはむしろ、彼にできるだけ父親に付き添うよう勧める。皮肉にも父の病気をきっかけに家族は団結するようになる。夫人とロビーナが交代で氏に付き添い、ジョンは時間を見つけて父を看るようになった。そして忙しい母とロビーナに代わってドロシーが調理を、キャスリーンが掃除を担当した。全員が一緒に食事を摂るようになったため、自然と賑わった雰囲気が生まれた。夫人は家庭の切り盛りを手伝ってくれるドロシーの存在をひそかに嬉しく思っていた。父親が病気のため、何のお祭りらしさもないクリスマスが過ぎたが、夫人はいつになく家族がまとまりをみせていることに喜びを感じていた。

ある日、回復した父親が階下に下りてみると、事務所に行っているはずのドロシーが嬉々として家事に勤しんでいる。真実を知り、再びロビーナに裏切られたと思った彼は、彼女を解雇する。休暇を楽しむ経済的余裕のないロビーナは、再び求職活動を始める。そして家事労働の職業斡旋所（The Please-All-Sides Registry Office）で偶然出会った高齢の男性の下で働くことになる。この新しい主人は薬剤研究室に勤めていて、夜は書斎、日曜はハムステッドに住む母の元で過ごす。朝食後、主人は出かけるので、その間にロビーナは料理について学ぶ時間を持つことができた。一五番地の一七時間労働に比べると、仕事はわずかで、しかも専用の居間も与えられ、自分のお客を呼ぶこともできる。ロビーナは、週二回はパルドー氏をお茶に招き、彼の生活も明るくなった。

しかし、ロビーナの心はいまだに一五番地にあった。パルドー氏はロビーナを「淑女《レディ》」のように扱ってくれるこの職場よりも一五番地を懐かしむ彼女の愚かさを非難するが、ロビーナは以下のように言い返す。

「淑女《レディ》ですって！　お馬鹿さんなのはあなたの方だって言い返すところでしたよ。そんな古臭い考え方はアン女王と一緒に墓場に入ってしまったと思っていました。今や公爵夫人が帽子屋を営み、小作人の息子が総理大臣になる時代ですよ。この民主主義の時代には皆が平等ではないのですか。**私が**若い頃――大して民主主義でもなかった時代ですけど――どんな仕事をしていようとも。優雅に振舞う人こそが『淑女』だと教わりましたよ。」

（筆者訳、強調は原文、283）

この時代の階級の流動性を表し、特に女性については、同時代のヴェラ・ブリテン（1893–1970）が『淑女《レディ》から女性へ』で述べているように、ヴィクトリア朝時代には無為の生活を送る「淑女《レディ》」であることが、女性にとっては何よりも望ましいことと考えられていたが、もはやその状況は変化してきていた。ロビーナ自身、経済的には安定をもたらすと思われるパルドー氏からのプロポーズを、結婚の「くびき」に耐えられるか疑問を持ち、末永く続く友情の方を選ぶ。
ある日、ダンデーン夫人がふいにロビーナの勤め先を尋ねてくる。ロビーナが去った後、ドロシーは家出をし、キャスリーンは毎晩遅く帰宅し、ジョンと夫妻は体調を崩していた。ロビーナが今の主人にいかに思いやりと礼儀をもって扱われているかを目の当たりにしたダンデーン家の皆は態度を改め、"Miss Wenlake"が再び一五番地に戻ってきてくれることを心から喜んだ。キャスリーンとジョンは交代で体調の優れない母親の枕元に食事を運ぶようになった。家庭内の責任を男性が放棄することに納得のいかなかったロビーナは、このジョンの態度を支持した。父親は怒りを抑え、静かに子どもたちを見守るようになった。しかし、ドロシーの希望については、ダンデーン氏は「家事使用人」という立場に自分の娘を就かせたくはなかった。そこでロビーナは主人にこのように提案する。つまり、ドロシーは家政学校(Domestic College)に入学し、ディプロマを取得する。そして得意とする家事の手腕を思い切り伸ばし、しかも資格を取って、講師として立派な「賃金労働者」(*paid* worker)になれる機会を得るというものである。

「このような資格を持った女性にたくさんの職場が開かれています。教えたり、家事に関するデモンストレーションを行ったりするのです。講師やトレーナーの仕事です。もし正式に訓練を受けたのなら。ドロシーは自分の好きな分野で活躍できる多くの可能性を手にいれるでしょう」(348)

「家事」は「家政」という名の下に専門化され、女性の雇用機会に繋がるようになった。この頃、中流階級のライフスタイルを志向する層は拡大するが、ダンデーン家の例に見るように、収入によっては複数の家事使用人を持つことは不可能である。それゆえに主婦はただ使用人に指示する存在ではなく、自らも家事を行うことが求められつつあった。ガスや電気器具の導入がそれを可能にもしたのであろう。また家政として専門化し、それを教えることもキャリアと認められる状況が生まれつつあった。

しかし、ダンデーン氏は娘を更に上の学校に行かせるという提案に即座に賛成することはできなかった。

「そうは言っても、どうやって、これから数年の間、学費を払って、娘を働かせないまま家においておくことができるのだろうか。衣類やお小遣いや休暇にかかるお金も娘に与えなければならないだろう。そろそろ私も自分の老後を考えて貯蓄しなければと思っていたのに。私の年金は割りと少ないいんだよ。しかも子どもたちにかかるお金は年々大きくなっていくばかりだし」（348）

この氏のぼやきは必ずしも特別な例ではなかった。一九二〇年から一九五〇年の間には全ての社会階層で、女の子も学校を出たら職に就く、という考えが一般化していた（Tinkler 82）。この問題を解決するために、ロビーナの手腕がまたもや発揮される。まず、限られた部屋数をやりくりし、空いた一部屋をダンデーン氏とも気の合うパルドー氏に賃貸し、これによってドロシーの学費その他を捻出する。こっそりとホテルで修行を続けていたドロシーはこの提案を喜んで受け入れ、家族の下に戻ってくる。キャスリーンも、ロビーナの指導のもと、割り当てられた屋根裏の部屋をＤＩＹで居心地の良い自分だけの居間に作り変えた。そして、堂々と自分の友人をそこへ招待することができるようになった。女性向け雑誌には料理や効果的な家事の方法などに紙面が割かれ、限られた条件と材料をやりくりして、少しでも家庭を居心地良いものにする工夫が提案されている。そして、女性の手腕が家庭を変えるという可能性を小説で描いている。ダンデーン家のように中流階級の体裁は維持したいが、資金は潤沢にあるわけではない階層でも女性の才覚によってやりくりできることを示した。

ロビーナという存在を触媒に一家は自分の人生をより自主的に愉しみ、家族を思いやることを学ぶ。特に女性たちに与えた影響は大きかった。放埒になっていく子どもたちと厳格な父親の間で何もできず、悩みだけを溜め込み、気晴らしを持たなかった母親を子どもたちは理不尽にも軽蔑していた。しかし夫人もロビーナと接することで、ロンドンを散策したり、大学の公開講座に参加したりして人生を楽しむようになる。自宅で開かれたキャスリーンの婚約パーティでは、ドロシーがプロ並みの料理を披露する。そしてキャスリーンも結婚までという限定された期間ではあるが、音楽学校で教師として働く。

ジョンが「うちの家族はロビーナに導かれる羊の群れだ」、そして「あなたが家に来てくれてからずっと、あなたは『本当の信仰』を毎日、実践してこられたのだ」と述べる言葉から、この小説のエンディングは宗教的な意味づけがされてゆく。そしてロビーナ自身も「神の僕《しもべ》の中でも最も卑しいもの」に過ぎない自分をも神は満たしてくださり、神によってこの一五番地へと導かれたのだと感謝する。宗教的な教訓だけではなく、女性の社会的地位の変動を考慮して読みすすめると、女性をめぐる社会の変化を小説が反映していたことがわかる。

この小説が連載された一九三九年号には、メアリ・L・ストラード（Mary L. Stollard）による「エドワード朝の女性」というエッセイが掲載されている。ここにはやはり、この頃の女性に見られた変化が表れている。ストラードは、エドワード朝に少女時代を過ごし、一九三〇年代の女性とそれを取り巻く状況の変化をエドワード朝のそれと比べている。少し長いが引用してみよう。

あの陽気なエドワード七世の治世に育った私たちだけが、この過去三〇年に起きた大きな変化を認識することができるのです。

ヴィクトリア朝の伝統はエドワード朝にもまだそこはかとなく残っておりましたが、女の子はみな「何かをする」べきだという現代的な観念は知れ渡ってはおりませんでした。「新しい女」と呼ばれる——これは侮蔑の意味をこめられた呼称でした——女性の数名が熱心に女性のキャリアの探求と雇用拡大を訴えておりましたが、ほとんど支持されることはありませんでした。自活していた女性は多くの場合、経済的理由でそうしていたのであり、結果として品位を落としたものと見なされておりました。親たちの多くは、若い女性が自活することを「そんなに品のいいことではない」と考えていました。

教師と看護婦が女性に実際に開かれていた唯一の職業でした。いくつかの大規模な事務所は女性のタイピストを雇い始めたばかりでした。この改革に、山高帽をかぶり背広を着用したシティの男性事務員たちは、怒り、非難しました。

平均的な中流の若い女性は、学校を出たら自宅に居て、趣味やたしなみを磨いたり、教会や教区のお手伝いをしたり、母親を休ませるために家事を助ける——四〇歳以上の女性は年寄りとみなされ、休養を必要としていると見なされておりましたので——ことに満足していました。税金は少なく、配当は多く、そして雇用も安定していたあの幸せな戦前の時代には、父親たちも娘を家に置くことを当然のことだと思っていました。そして、あの頃の不便で手間がかかる家では娘たちがやることはどっさりあったのです。（195）

これはロビーナが戸惑った時代の変化について説明してくれる。戦間期の若い女性たちは社会において何かができる存在として注目されつつあった。

注

（1）「新しい女」については、川本、武田を参照。
（2）GOPの歴史と内容の傾向については、E. Honor Ward、川端有子他、また出版社のGOP関連のウェブサイト The Girl's Own Paper Index を参照。
（3）ウォード、"In Search of the Girl's Own Paper."
（4）召使が玄関を磨くことの象徴性については、アン・マクリントックを参照。

引用文献

Brittain, Vera. *Lady into Woman: A History from Victoria to Elizabeth II*. Andrew Dakers, 1953.

川本静子『〈新しい女〉たちの世紀末』みすず書房、一九九九。

Marshall, May. Ed. *Woman's Magazine Annual 1939*. Wyman & Sons, 1939.

McClintock, Anne. *Imperial Leather: Race, Gender and Sexuality in the Colonial Contest*. Routledge, 1995.

玉井暲・武田美保子監修・解説『〈新しい女〉小説――世紀末のジェンダー表象』I、二〇〇五、II、二〇〇七。

武田美保子『〈新しい女〉の系譜――ジェンダーの言説と表象』彩流社、二〇〇三。

Ward Honor, E. "Girls' Own Guide: An Index of All the Fiction Stories Ever to Appear in *The Girls' Own Paper* 1880–1941." A&B Whitworth, 1992. (http://www.mth.uea.ac.uk/~h720/GOP/index.shtml 12/3/06)

ウルフ・ヴァージニア『3ギニー』出渕敬子訳、みすず書房、二〇〇六。

川端有子『ガールズ・オウン・ペーパー1880年–1883年復刻版　別冊日本語解説』ユーリカ・プレス、二〇〇六。

Tinkler, Penny. *Constructing Girlhood: Popular Magazines For Girls Growing Up In England, 1920-1950* (Gender & Society: Feminist Perspectives on the Past and Present) Taylor and Francis, 1995.

Ward, Honor E. *Girl's Own Guide*. Whitworth, 1992.

第3章

第一次世界大戦と女性の「大義」

──レイ・ストレイチーの『大義』とヴァージニア・ウルフの『3ギニー』

第一次世界大戦後、女性たちは参政権を手に入れ、「市民」として行動することを期待されるようになった。女性参政権獲得までの流れを概観してみよう。一八六五年、J・S・ミル（1806–1873）が女性参政権獲得を公約に当選する。翌年、一八六七年に、女性参政権をアピールする最初の協会、全国女性参政権協会が設立された。それまで分裂していた団体が合併し、一八九七年、ミリセント・フォーセット（1847–1929）が女性参政権協会全国同盟の会長に就任した。この団体は五万人の会員を擁した。フォーセットはその過激な運動をよしとしなかったが、一九〇三年には、女性社会政治同盟が結成され、パンクハースト母子が中心的な役割を担った。特にシルヴィア・パンクハースト（1882–1960）らが率いるサフラジェットたちの激しい闘争は「ミリタント・フェミニズム」と呼ばれ、当時のメディアを賑わせた(1)。

一九〇六年にはメアリ・マッカーサー（1880–1921）が中心となり、全国女性労働者連合を立ち上げる。女性参政権獲得運動はヨーロッパにも広がり、一九〇四年には国際女性参政権同盟がベルリンで設立された。

レイ・ストレイチーの『大義』（一九二九）は、同時代の参政権獲得運動に至るまでの道のり、また参政権を求める「大義」とは何であったかを、一八世紀末まで遡り、様々な運動の記録を通して論じていく。ストレイチーによると、参政権、あるいは女性が「市民」としての地位を獲得する上で、第一次世界大戦中の女性の活躍が大きな役割を果たしたことがわかる。女性を抑圧していた「グランディ夫人」を死にいたらしめた点では、女性の戦時奉仕を肯定的にとらえている。(2)

ストレイチーの著書の十年後に書かれたヴァージニア・ウルフの『3ギニー』は、戦争と女性を考える上で貴重な提言を行っている。教育と労働の現場における女性の状況を考える上で、ウルフはストレイチーの研究を大いに参考にした。このエッセイは「戦争を防ぐために何ができるか」という、ある平和団体を運営する紳士の問いかけ、そしてその団体への加入、寄付の呼びかけに対して、「わたし」が答える形式で書かれている。「わたし」は、長い歴史の中で男性が女性に何らかの意見を求めるとはこれまでなかったことであると、ややアイロニカルに、そしてじっくりと、この紳士の提案について考察する。「わたし」の手元には、この紳士の手紙の他にも二通、やはり資金援助を求める文書が届いていた。一方は女子用コレッジの改修をすすめる団体、もう一方は女性たちの就職を支援する団体（National Society for Women）である。結局、それぞれの団体に一ギニーずつ寄付するという決断に至るまでの思索がこのエッセイの三部のそれぞれを形作っていく。(3)一見、直接的な関連が無いように見える戦争と女性の教育と職業、実はそれぞれが戦争を引き起こす社会の一端を担っていることが文献や統計に基づいて論じられていく。

第二次世界大戦が目の前にせまっているように見えるイギリスで、女性が手に入れた社会的、経済的地位をどのように評価するのか。この二つの著書を比較し、女性の社会進出と戦争の関連について考える。

1．第一次世界大戦と女性

本国を遠く離れた帝国の一部で行われていた争いと異なり、"The Great War" と呼ばれる第一次世界大戦で、イギリス国民は戦争というものを本国で体験することになる。多くの男性が戦場に送られた第一次世界大戦、女性の労働力はますます必要となった。一九一四年、ロンドン南西部クレイフォードの大軍需工場では、男性の半分の賃金で女性は砲弾製造に携わっていた。一九一五年、ロイド・ジョージの挙国一致内閣は、戦場に送られた熟練労働者のポストの、非熟練労働者あるいは女性労働者による代替策が進められていた。この代替策は Dilution と呼ばれる。つまり、「非熟練」労働者による労働力の「希釈」という意味合いが含まれている。

この「労働希釈」を進めるために一九一五年に結ばれた協定（Treasury Act）には、ストライキの禁止、非熟練及び女性労働者にも同等の賃金を支払うことなどが盛り込まれていた。また女性の労働者を大量に受け入れるに際し、男性中心的な労働現場の改革が求められた。年齢制限、雇用規定が見直され、女性職工長の任命が決定され、女性専用の手洗所や更衣室が整備された。一九一四年には一七万人だった女性労働者は、一九一七年には四四万人に膨らんでいた。女性の労働現場での地位向上に関しては、前述のマッカーサーの全国女性労働者連合の運動も功を奏したようだ。戦時緊急労働者全国委員会が結成され、マッカーサーもこのメンバーになり、そこで、軍需産業の暴利取締り、価格統制、貧困救済を主張した。

戦時下に需要があったのは女性工場労働者だけではない。制服を身につけて、戦時活動に着く女性たちが現れた。女性の制服姿でいち早く連想されるのは看護の分野であろう。フローレンス・ナイチンゲール（1820–1920）がクリミア戦争（1853–56）の兵士たちの惨状を救うため、看護体制の改革を行って以来、看護は、女性に奨励される職業となった。リットン・ストレイチー（1880–1932）は『ヴィクトリア朝偉人伝』で、「天使」と崇められたナイチンゲールが（当時の女性観から考えれば）かなり「男まさり」であったことを明らかにした。ヴィクトリア朝において、両家の子女であったナイチンゲールが戦場へ行くこと、そして看護の現場の改善に奔走したことは、当時の理想的な女性像からはむしろ逸脱していたのである。

しかし、ナイチンゲールが勇ましくも、初期の看護婦たちを戦場に率いた頃とは異なり、傷ついた男性を癒す看護の仕事は、女性に期待される役割に矛盾しないものと捉えられるようになっていた。陸・海・空軍は、それぞれ独自の看護部門を持っていた。前線で働く看護婦の中には命を落とすものも少なくなかったが、果敢に看護に従事した様子は戦場の「天使」たちと称えられ、心理的にも兵士たちに良い影響を及ぼしたと讃えられた（Anderson 37–8）。

第一次世界大戦が勃発すると、ヴォランタリ救護部隊（VAD）と救急看護義勇団（First Aid Nursing Yeomanry 以下FANY）など自ら戦時奉仕を申し出る女性団体が出てくる。ヴォランタリ救護部隊は、赤十字とセントジョン救急隊（St. John Ambulance）が運営し、救急看護義勇団とも連携していた。[4] 中には看護以外の活動も辞さないというものもあったが、こうした熱心な申し出を陸軍省及び他の関係機関は軽視していた。戦場となったヨーロッパ各地でイギリスの女性団体の奉仕は歓迎されていたが、本国では伝統的な女性の領域を逸脱するものという意見が根強く、民間防衛（Civil Defence）における女性の需要は低かった（Harris 2）。しかし、大陸での塹壕戦が予期していたよりも大量の死傷者を出し、また貧困による体力低下で兵役につけない男性たちが予想以上に多かったことから、軍部は女性たちのオファーを無視できなくなった。

一九〇九年に活動を開始したFANYは、第一次世界大戦勃発時、いち早くオファーをするが受け入れられなかった。そのため、最初に奉仕したのは前線のベルギーとフランス軍であった。一九一四年一〇月二七日にベルギー人とフランス人の負傷者救護のため、カレーへと渡る。不十分な施設と過酷な状況の中、きびきびと任務に当たった。初期の『FANY通信』（*FANY Gazette*）には、一九一五年五月の毒ガス攻撃の際、生理用ナプキンにオーデコロンを浸し、マスクを持っていないイギリス兵士にあてがったという逸話が記されている。フランスでは一九一九年まで任務は続いた。イギリスの陸軍省が、FANYに任務を依頼したのは一九一六年一月のことだった。一六人の救護車の運転手が男性に代わって活躍した。任務中の列車との事故で足を失い、その後、義足で任務に復帰した女性の記録も残っている(5)。

陸軍女性補助部隊（Women's Army Auxiliary Corps 以下WAAC）は、一九一七年七月に整備された。女性たちは運転手、事務、電話交換士、調理人、給仕、教師として活躍し、戦時中一〇万人が制服を着て働いた。一九一七年三月にフランス戦線に一四人の調理と給仕担当が送られた。WAACは非戦闘的な組織で、軍隊について前線まで赴き、調理、給仕などの業務を行うので「キャンプ・フォロワー」と呼ばれていた。その働きは、海外の前線では高い評価と感謝を受けていたが、本国イギリスではミュージックホールなどで揶揄の対象となっていた。「男性領域」であった戦場に踏み込んでいった女性たちに世間は好奇の眼差しを向け、道徳的堕落や婚外妊娠などの噂が流れたため、後の人員確保が困難になった。一九一八年にはより多くの男性が戦場に送られ、WAACの増員が急務だったため、三月、調査団が派遣された。その結果、婚外妊娠の驚くべき数、性病の多発、WAACの無能さなどは、根拠のないものと証明され、労働大臣G・H・ロバーツや時のカンタベリー大司教がWAACの名誉のために演説した。一九一八年四月には、メアリ王妃が最高司令官になり、王妃の名前を冠して新たに命名（Queen Mary's Army Auxiliary Corps）され、一九一九年に解散されるまで多くの女性が戦時奉仕を行った（Harris 4–5）。

陸軍省で人事を担当していたモナ・チャーマーズ・ワトソン（1872–1936）がWAACの監督にあたった。ワトソンは医師として活躍していたが、一九一六年には非戦闘的な補助的な任務を受け持つ女性団体の結成に奔走していた。陸軍省でリクルートを担当していた弟の准将オークランド・ゲッデスの紹介により、陸軍副将のネヴィル・マクレディに紹介され、一九一七年七月にはWAACの首席管制官に任命される。四万八五〇〇人の女性の内一万七千名が海外派遣された。ワトソンは一九一八年に引退するが、その貢献により、帝国戦争博物館に肖像画が飾ってある。ワトソンは過激な活動はしていなかったが熱心なサフラジェットでもあった。WAACの結成を「女性運動の進歩、国家的な進歩」と捉えている（Spiers 23）。WAACで男性の仕事を引き継いだ女性たちの賃金の改善、また投獄されたサフラジェットたちの医療に当たった。一九一八年の選挙法改正で八四〇万人の女性に選挙権が与えられ、エディンバラ女性市民協会の会長になった。スコットランドの女性運動はワトソンなしでは始まらなかったと言われている。

ワトソンとともに副官としてWAACを率いたのがガールガイドでも触れたヘレン・グィンヴォーンである。グィンヴォーンのキャリアは多岐にわたる。陸軍の指揮官の娘として生まれ、父の仕事や母の再婚に伴い、外交官の義父の元、海外で生活する。ロンドンのキングス・カレッジにて、植物・動物学を学んだ初期の女子学生の一人でもあった。一九〇四年にはロンドン大学から学位を授与され、大学で植物学、菌類の研究者、講師として活躍した。戦後は研究職に戻る。第一次世界大戦時は、WAACでは首席管制官（chief controller）を、女性空軍補助部隊（Women's Roya Air Force 以下WRAF）では、ワトソンとともに一九一八から一九一九の間、司令官を務めた。女性として初めて二等勲爵士（DBE）を授与され、国立陸軍博物館に肖像画が飾られているが、軍隊の仕事には乗り気ではなかったようだ。第二次世界大戦の気配が近づくと、国防義勇軍女性補助部隊（Auxiliary Territorial Service 以下ATS）の主席管制官となる。政治にも関心があり、選挙の候補者となったこともあった。

海軍女性補助部隊（Women's Royal Naval Service）が一九一七年の終わりに結成され、主に地上の作業に従事した。一部には無線を扱うもの、ボートの乗組員となったものもいたが、多くは掃除や料理など「女らしい」仕事に従事した。一九一八年一〇月、一九歳のジョセフィーン・カーが乗船中の魚雷攻撃を受け、最初の戦死者となった。第一次世界大戦が終わるまで、五五〇〇人、内五百名が士官であった。それまで空と海を行き来する飛行艇と飛行機の間で分離していたイギリス海軍航空隊（Royal Naval Air Service）と王立陸軍航空隊（Royal Flying Corp）は一九一八年四月に合併してイギリス空軍（Royal Air Force 以下ＲＡＦ）になり、その際、前述のＷＲＡＦが結成された。他と同様、運転、タイピスト、売店経営、電話・電報技師など補助的な業務に従事する（Harris 7）。

戦時中に与えられていた活躍の場から女性を追い出そうとする動きが、戦後まもなく現れた。工場から女性を排除する理由としては、「母性」への悪影響が以前から強調されていた。その背後には、より安い賃金で雇える女性の労働力が労働市場で大きな割合を占めるようになった場合、戦場から戻ってきた男性労働者の不満が膨らむことへの懸念もあった。

しかし、多くの女性が工場労働を継続することにこだわった。第一次世界大戦時、かつてであれば、中上流階級の家庭に家事使用人として奉公に出ていたであろう労働者階級の若い女性たちは、より短時間に高収入を得られる工場労働に従事するようになった。結果として多くの女性たちが平時においても工場労働を希望し、安価な労働力に支えられていたカントリー・ハウスの衰退に拍車をかけた。一九三〇年代の大恐慌では多くの男性が職を失ったが、比較的安い賃金で済む女性の方が仕事に就きやすかった。労働市場において、すでに女性は無視できない存在になっていた。

第一次世界大戦に軍隊に導入された女性の補助部隊については、陸・海・空軍のどれもが平時においては女性の援護を必要とするべきではないと主張し、一九二一年には全ての解散が完了した。看護部門と独立した組織であったＦＡＮＹだけは、休みなく訓練を続けた（Anderson 2）。

第一次世界大戦は女性のライフスタイルを大きく変えた。戦時奉仕で「市民」としての自信を得た若い女性は「今風」（modern manners）で上の世代の顰蹙を買い、新聞や女性誌はこぞって「モダンガール」批評を書きたてた。ジャズにあわせて踊ること、喫煙や飲酒、人前での化粧、彼女たちが使うスラングは格好のネタになった。一九二八年の第五回選挙法改正後、初めて行われた普通選挙には、着飾った若い女性たちが集まり「フラッパー・エレクション」（Flapper Election）と呼ばれた。「フラッパー」とは流行のファッションで着飾り、浮薄なライフスタイルを送る当時の若い女性たちを表現した言葉である。ガールガイドの活動を推進していたオレーヴ・ベーデンパウエルは、早いうちから化粧をし、異性の視線を集めることに夢中になり、快楽をもてあそぶ「フラッパー」を批判し、若い女性たちを社会に有用な人物として訓練する必要性を主張した。(6) 家庭以外に領域を広げ、戦時奉仕で得た権利を女性たちが行動やファッションで誇示することに関して社会は批判的であった。女性たちは、労働力としての国家のニーズと、それに応えることによって得た権利、そして伝統的なジェンダー観との間に生まれる矛盾に直面していた。

2. レイ・ストレイチーの『大義』に見る女性の戦時奉仕

女性たちの戦時奉仕をどう評価するのか。ストレイチーの『大義』は参政権獲得に至る道のりを踏まえ、女性を「市民」として受け入れるきっかけを作った点において、第一次世界大戦の女性の戦時活動を肯定的に捉えている。イギリスの女性運動の祖といわれるメアリ・ウルストンクラフト（1759–1787）の『女性の権利の擁護』（一七九二）から始まり、第一次世界大戦終了後まで、女性の権利に関する運動がどのように繰り広げられてきたか、そして関連する法がどのように見直されてきたかを広く伝える、イギリスの女性運動の通史とも言える。ストレイチーは、ケンブリッジのニューナム・コレッジ出身で、自身も女性参政権運動に深く関与していた。そしてこの著書は、歴史的な文献や統計にあたるだけではなく、イギリスの女性参政権運動の重要人物——ミリセント・フォーセットやパンクハースト母子——に直接、聞き取り調査をして書かれた。参政権運動に参加する女性たちの「大義」は何であったのかを、一八世紀半ばの家庭や夫婦の不平等な状況に遡り論じている。かつて、女性の財産、収入は全て夫のものであり、身体的な自由、意識・良心でさえ夫の手中にあった。また一八五七年まで事実上、離婚は不可能であった。女性が基本的な人権、経済的な地位、自分と子どもの健康を求めたとき、具体的な目的は参政権獲得へと向かっていった。

女性の労働に関して言えば、第一次世界大戦は一つのターニング・ポイントであった。その六〇年前、政治や労働問題に関して多数の著作を残したハリエット・マーティノーは自伝の中で、女性は社会に貢献できる仕事に就く能力を有していると述べた。(7) それを証明するために様々な試みが行われてきたが、戦争によって、目に見える形で証明できたことは皮肉である。大戦下、活躍する女性を目にした男性たちは、人間が一般的に持つ徳や能力を女性もまた有していることに、自分たちが長い間、盲目であったことに気づく。戦時における「女性の英雄的行為と勇気」(the heroism and the courage of women) が、女性運動では動かなかった人々を動かし、まさに「戦争が彼らの目を開いてくれた」のである (Strachey 348–49)。

第一次世界大戦の勃発により、女性参政権協会全国同盟による運動は一次中断した。過激な運動を展開していたサフラジェットたちも特赦を受け出獄する。そしてそのエネルギーは、戦争というもう一つの「大義」へと向けられる。「私たちの主張が通ろうと、通るまいと、私たちが『市民』にふさわしいところを見せてやりましょう」、このフォーセット夫人のリーダーシップに周りも従った（Strachey 337–38）。女性たちが引き起こした「一九一四年八月のあの驚くべき噴出」とウルフが形容する現象が起きたのである（Woolf: 1998, 207）。「少しでも何かをしたい」という女性たちが救援事務所（Local Relief Committees）、陸軍省、赤十字の各施設に駆けつけた。最初の一ヶ月はほとんど無視されていたが、やがてヴォランタリ救護部隊を中心として活動を始めた。看護婦の派遣だけではなく、医療器具、救急車（車両提供、運転）も含め、多くの女性たちが奉仕に携わった。八月以降、ベルギーからの大量の難民が到着すると仕事は格段に増え、食物、医療、宿泊所を提供した（Strachey 338–39）。

これらの看護の仕事は、比較的裕福な女性たちが携わった仕事である。労働者階級の女性たちの状況はどうであっただろうか。戦争の初期は、取引の停止により閉鎖される工場があり、百万人の女性たちが失業に追い込まれた。しかし一九一五年に入ると、大勢の男性が兵士として前線に送り込まれたため、女性の労働が必要とされた。

最初に問題になった点は、女性たちのほとんどは工場労働の未経験者であったことである。女性参政権ロンドン協会や女性労働組合は、訓練コースやワークショップを開き、女性労働者の訓練にあたった。かつては家事労働、店員として勤めていた女性たちが、道具を使いこなし、工場勤務できるようになっていった。次に問題になった点は、女性を雇用することをためらう工場側、そして男性労働者の反対である。国家の緊急時に際し、すでに男性の労働組合は、不本意な労働条件を強いられ、多くの非熟練工（semi-skilled）が低賃金雇用されることに甘んじなければならなかった。更に何の訓練もない女性労働者が入ることに非常に批判的であった。また、こうした女性たちが十分「使いものになる」と判断された場合、戦後の自分たちの就職、労働条件はどうなるのかと懸念していた。一九一五年にはすでに「労働希釈」は始まっていたが、男性の組合側は依然として女性労働者の導入に抵抗し、女性たちと一緒に働く、また女性たちに工場労働に必要な技術を伝えることに抵抗していた。そこで、工場主側は、一定の賃金、また、「労働希釈」で入れられた労働者たち（dilutees）には性別に関わらず、同一の賃金を支払うことを保障し、一方政府は、労働者に戦後は「戦前の慣習」（pre-war practice）に戻すことを約束することになった。ロイド・ジョージ首相は、軍需労働（munition work）へと女性たちを勧誘し、すでに反政府的姿勢を崩したパンクハースト夫人らによって女性労働者たちは組織作られていった。

女性社会政治同盟の新聞『女性参政権論者』は『ブリタニア』と名前を改め、王と祖国に捧げられる。指導者エメリン・パンクハーストの「今までずっと政府に反対し続けてきた私ではあるが、今や政府を支持する。我が国の戦争を私たちの戦争にしよう」という呼びかけに、「自分たちのできる少しばかりのこと」をしようという女性たちが集まった（エルシュタイン 177）。

軍需工場へと連なっていく、すばらしく見事な女性たちの列がパンクハースト夫人によって、ロイド・ジョージのために組織された。何千人というボランティアたちが戦時奉仕への呼びかけに応えたのである。しかしながら、それは恐ろしく未熟なものであった。訓練所も、工場も、職業斡旋所も何の準備も成されていなかったのだ。国からの呼びかけがあっても、ほとんど雇用の「空き」は無かったのである。慎ましい労働者たちは、貯金を使ってロンドンまで長旅をした挙句、仕事を手にすることができず、どうにもならないで保護されるものもいた。しかしそれで挫けるものはいなかった。戦時であったし、状況は悪くなるに違いなかった。何らかの職が提示されると何千という申し込みが殺到した。十代の若い女性たちと同じくらい熱心に年配の女性たちもやってきた。結局、五十万人くらいの女性たちが職につき、やる気のあるボランティアが不足することはなかった。長時間労働、夜勤、宿泊施設、食糧不足、彼女たちのやる気を挫くものは何もなかった。何か職に就ければ、前線の男性たちの手助けになっているのだと感じられる限り、何も問題にはならなかった。造船、航空機・兵器製造、化学工業、ロープ・ゴム製造、鉄鋼業の分野で、彼女たちは元気に、自分たちのできる「少しばかりのことをした」(did their bit)のである。(Strachey 343)[8]

官庁街(Whitehall)にも新しい仕事がどんどん生まれ、女性たちが動員されたが、公務員労働組合もやはり、女性が責任のある職、またよい給与が支払われる職に就くことに反対であった。しかしながら、一九一五年の夏から、女性が男性に代わって働く数は順調に増え、一九一六年には一般的に女性の仕事が認められるようになっていたようだ。ストレイチーは「新聞も熱狂的に女性の仕事を賛美し、女性たちは、降って沸いたような自分たちの人気と、高い収入、興味深い新しい仕事、自分の能力が活用されることはどういうことか、自分たちの能力を自由に使う機会、こうしたものを知り始めていた」と記している(Strachey 344–45)。

女性の雇用が拡大する中、前線により多くの男性を送るため、補助的な業務を行う女性を軍隊が直接雇用することが検討された。一九一五年七月、女性軍隊(Women's Legion)が結成され、陸軍省の管轄下に入り、一九一七年始めには先述したように最初の正式の女性部隊、WAACが登場する。その他にも海軍（Ｗｒｅｎｓ）、空軍（ＷＲＡＦ）、軍支払局、陸軍経理部（Army Pay Office）、軍馬補充部（Remount Department）、防毒ガス部（Anti-Gas Department）、馬糧部（Forage Corps）、陸軍記録部（Army Records）、陸軍部隊（Army Service Corps）に一五万人の女性が働いた。その一割程度がフランスに駐留した。彼女たちは自分たちはイギリス国防軍であると認識していた（Strachey 345）。

農業の分野でも、当初、女性労働者は信用されていなかったが、やがて労働力の需要が高まり農業従事者を手助けする農耕部隊（Land Army）として活躍した。その他、大工、軍隊の娯楽施設、駅の売店、廃品回収、運河の船舶航行、慈善活動など幅広い分野で女性たちは動員された。

戦争により女性運動はそれまでになく広く支持されるようになった。また戦争は、一時的ではあるがそれまでの在宅の「女の仕事」では得られなかった経済的余裕を女性たちにもたらした。戦時下で食料不足であったにも関わらず、工場で働く女性労働者たちはそれまでよりもよい食事にありつき、既婚女性は独立した収入を得ることができたおかげで、子どもたちにより多くより良い食料と衣料を与えることができた（Strachey 349）。この点では、それまでの女性運動の「大義」と戦争の「大義」は矛盾することはなかったのかもしれない。

3．第一次世界大戦がもたらしたもの

労働者全体に対する女性の割合には大きな変化は見られないが、戦争は女性の労働の中身に大きな変化をもたらしたようだ。アーサー・マーウィックによると一九〇一年から一九三一年にかけてイングラ

ンドとウェールズにおける女性就業者の数は以下のように推移している。

一九〇一年　四一七万一七五一人
（総女性総数一六七九万九二三〇人の二四・九%、総人口三二五二万七八四三人）
一九一一年　四八三万七三四人
（女性総数一八六二万四八八四人の二五・九%、総人口三六〇七万四九二人）
一九二一年　五〇六万五三三二人
（女性総数一九八一万一四六〇人の二五・六%、総人口三七八八万六六九九人）
一九三一年　五六〇万六〇四三人
（女性総数二〇八一万九三六七人の二六・九%、総人口三九九五万二三七七人）

（Marwick 166）

第2章でも触れたが、戦後、質の良い家事労働者の確保が著しく困難になった。その理由の一つとして、軍需工場で働いた女性たち（munition girls）が、戦時中に、独立した生活を営むことができる良い給料に味をしめ、もはや一日一四時間以上という家事労働はほとんど奴隷に近いものとして考えるようになったことが挙げられる。更に、早いうちから工場労働に出ることによって、料理、裁縫、衛生などの知識と訓練を受ける機会がないため、家事使用人として雇われてもすぐに解雇されることもあった。この状況を改善するために一九一九年、家事労働の訓練センターが設立された（Strachey 373–76）。

戦後、女性参政権協会全国同盟は、平等市民権協会全国連合と名称を変更し、女性の地位と権利の向上という目的を維持しつつも、女性を「市民」として教育することを目的に加えることによって、社会におけるこの協会の存在意義をアピールした（Strachey 369–70）。一九一八年に置いて、不平等な離婚、遺産贈与、国籍の扱い、選挙権、親権、道徳規範、雇用の機会、給与など、様々な面で不平等が見られた。その中でも、ストレイチーは、一九一八年において最も重要だったのは女性の経済的地位の変化であると述べている。しかし戦争がもたらした一時的な女性の経済的な地位の向上は急に停止し、一九一九年の春には動員解除（demobilization）が急速に進められ、戦場から男性が帰還すると、女性は解雇された。女性は家庭に入ることが奨励されたが、実際は戦争によって、結婚相手のいない「余った女性」（surplus women）の数は増加し、三人に一人は自活の必要があった。[9] 戦時中には、「国家のヒロイン、救済者」ともてはやされていた女性たちが、今や「寄生生活者」（parasites）、「スト抜け」（blacklegs）、そして「貝のように地位にしがみつくもの」（limpets）と同僚の男性労働者から誹謗中傷され、雇用者たちは、かつて彼女たちを雇おうとしたのと同じくらいの熱心さで今度は職場から追い出しにかかった（Strachey 370–71）。

こうした状況は業種によって差異があったようだ。工場で働く女性たちは戦前とほぼ同じ地位に追いやられてしまったが、男性の強い組合がない職場では能力が認められ、その地位を確保し続ける女性たちもいた。銀行、商社、政府官公庁、その他の会社では女性たちは労働を継続したのである。ストレイチーは、こうしたことは女性の経済的地位の発展を考えて、「進歩」ととらえている（Strachey 373）。

一九一九年の性差別廃止法（Sex Disqualification Removal Act）の施行は、女性の労働運動の歴史において大きな一歩であった。その後、公認会計事務所、王立協会、そして国会議員も女性を受け入れるようになった。そして一九二五年、全ての官庁は女性にも男性と同様の試験を初めて行い、大学卒の三人の女性が行政管理実習生（administrative cadets）として採用された。

しかし、依然として上級職はオックスフォード・ケンブリッジで教育を受けた男性たちが中心であった。また「ホワイトカラー」の女性たちに対して、他の業種同様の非難があったことをウルフは明らかにしている。ウルフは以下のように主張している記事を引用している。官庁、郵便局、保険会社、銀行、そして宗教職にも入り込んできた女性は「家事労働」に配置換えすべきである。そして職にありつけない男性に職業を与えるべきである。そうすれば彼らは、今や近づきがたくなってしまった女性たちと結婚し、女性たちをいるべき「真の場所」（すなわち家庭）へと向かわせることにつながるのだ、と。

私は、そちらの特派員が……女性はあまりにも自由を謳歌しすぎているという点で、この議論を正しく要約していると思います。この、いわゆる自由は戦争とともにやってきたようです。戦時中、女性たちはそれまで知らなかった責任を与えられました。当時、彼女たちはすばらしい奉仕をしました。不幸にも、彼女たちはその働きの価値を不相応に称賛され、甘やかされたのです。

（*Daily Telegraph*, 22 January, 1936. Woolf: 1998, 226）[10]

『3ギニー』でも一九一九年の法令は、それまでとは違った影響力――独立した収入――を女性に与えたものとして評価されている。それによって女性たちも自分を養う男性たちの顔色を伺うことなく、自分が「大義」と思うものに資金を提供することができるようになったからである。

ウルフは女性の「労働」に関して経済的、精神的自立を促すという点では評価しているが、闇雲に雇用の機会均等を広げることには懐疑的であった。一九二九年に出版された『自分だけの部屋』の一節では、「女性と小説」という演題について思索する「わたし」が、ある石炭を運搬する男性と、子守をする女性を見て、家庭生活の営みの中にある男性と女性の役割分担、労働の価値について考える。そして通り過ぎる兵士たちを横目に、雇用の機会均等がもたらすものについて考える。

百年もたてば、きっとすっかり変わってしまうでしょう。その上、百年もたてば、女性は被保護者(protected sex)ではなくなっているでしょう……理屈の上から言っても、女性は、かつて許されていなかったあらゆる活動や仕事をするようになるでしょう。子守りの女性は「男性のように」石炭を運搬し、女性店員は機関車を運転するようになるでしょう。女性が被保護者であったときに見られた事実に基づく一切の仮定はなくなっているでしょう……女性から保護を取り除き、男性と同じ仕事や活動をさせ、彼女たちを兵士、船乗り、鉄道の運転手、港湾労働者にしてごらんなさい。そうすれば、女性は男性よりずっと若くして、ずっと早くに死んでしまい、「飛行機を見たよ」とかつて言ったように「今日は女性を見たよ」と言うようになるでしょう。女性であることが保護される義務で無くなったときは、どんなことが起こるやもしれない……(Woolf: 1998, 52)(11)

実際に、第一次世界大戦時には男性同様に命をかけた活躍によって「国家のヒロイン、救済者」と称えられたものたちもいた。当初、国内の赤十字では、女性の医師を登用することを拒否していたので、何人かは同盟国のフランスで勤務した。そこでの実績が認められ、一九一五年には、陸軍省も方針を変え、ロンドンにある軍隊の付属病院での勤務を依頼されるようになる。エルシー・イングリス（Dr Elsie Inglis）は女性参政権協会全国同盟の援助を受け、ベルギー人、フランス人、ロシア人、セルビア人部隊用に医療機関を設置し、自身も癌に侵されながら勤めた。そして一九一五年に打たれて亡くなったイーディス・キャヴェル（Edith Cavel）。彼女たちは死後、英雄と讃えられた（Strachey 347）。

4.「事実」（facts）の見方の転換――『3ギニー』

ストレイチーの女性運動に関する克明な記録は、第一次世界大戦の終わりまでを網羅し、女性たちの戦時貢献を、機会均等と権利拡大をもたらすきっかけとなったとして評価している。その一〇年後に書かれた『3ギニー』は、戦争という事実を踏まえて、女性の戦時貢献をより批判的にとらえている。どんな「卑しい」と思われる職業にでも殺到した女性たちの「あの驚くべき噴出」は結婚を人生の目的に設定し、女性を私的領域に閉じ込める教育に関する不満の噴出でもあった。そのため彼女たちが持てる全ての能力と魅力を使い、結局は「戦うことは英雄的であり、戦傷者は女性のあらゆる介護と称賛に値する」ことを表明してしまった。そして結果的に「私たちのすばらしい帝国」（our splendid Empire）と「私たちのすばらしい戦争」（our splendid war）を自分の解放のために必要としてしまったのではないか、と（Woolf: 1998, 207–8）。

誰もがその価値を信じて疑わないと思われる「平和」を維持するために、ある紳士が提案したことに対して、『3ギニー』の「わたし」は即座に応じることにためらっている。「わたし」は、自分とこの紳士が、この階級が混交する時代（hybrid age）にあって、ライフスタイルにおいても、知性においても、そして自活している点についても共通していると認識している。しかしながら「わたし」とその紳士の間には、越えがたい「裂け目」（a precipice, a gulf so deeply cut between us）がある（Woolf: 1998, 154–55）。

ウルフは、このエッセイの語り手「わたし」の階級について、自身を反映した「高等教育を受けた男性の娘たち」（the daughters of educated men）とはっきり規定している。ウルフによる詳細な原注はそれだけでもかなり読み応えのあるものであるが、そこではこの階級の設定に関して、高等教育を受けた父親を持つ息子たちは「有産階級」（bourgeois）に当てはまるとしても、兄弟とは大きな格差がある娘たちを「有産階級」と称するのは著しい誤りであると述べている。有産階級の二つの主要な特徴である資本と環境に恵まれないからだ（Woolf: 1998, 369）。

ストレイチーが詳細にその歴史をたどったように、女性が自分の財産を持ち、教育と職業の機会を与えられるようになるまではかなりの年月がかかったのだ。「アーサー教育基金」（Arthur's Education Fund）は、オックスフォード・ケンブリッジを始めとして、六百年の長きにわたる男性の教育機関とそこでの教育活動を支えてきた。後に冒険家として名を成し、アフリカに関する旅行記を通して有名になったメアリ・キングスリー（1862–1900）でさえ、学校に行くことは許されず、ドイツ語の家庭教師を雇ってもらったのが精一杯であった。しかし兄弟たちは、大学教育そのもののみならず、友人との付き合い、教養のための娯楽、旅行、と資金を潤沢に使ってきた。彼らの教育基金は高等教育を受けた男性たちの労働だけではなく、彼らの元へ嫁いだ女性たちの財産によっても支えられていた。既婚女性の財産は男性の所有となり、その用途も男性に託されていたからである。

「わたし」は「いかに戦争を防ぐことができるか」という問いに、この「教育」という問題が大きく関与していることを明らかにする。そして「わたし」は、自分は教育を受け、専門職についている男性に対して問いかけているのだということを、度々読者に思い起こさせるため、"Sir"という呼びかけをところどころに入れている。このエッセイで多くの場合、「わたしたち」(we)は、「わたし」を含む、「教育を受けた男性の娘たち」を指す。しかし、同じ「階級」ではあっても、"Sir"の属する「あなた／あなた方」(you)と意見を同じくすることに大きなためらいが窺われる。女性と男性の歴史の中にある大きな裂け目が、「わたし」の目の前にある事実、例えば、それはオックスフォード・ケンブリッジの大学街やそこでの生活、官公庁へとつらなる人の波、新聞の記事、年鑑のデータなどが、女性であるがゆえに"Sir"の目とは、全く違うものに見えるのではないかと懐疑の念を示している。

「わたし」が用いる「私たち女性」という言葉は、今では本質主義的すぎるように感じられるが、「性」は歴史や伝統によって構築されたものであると認識されてはいる。またそれ故に「あなた方男性」とは同じ事実に関しても感じ方が違うのだと論じられている。教育と財産という事実を取り上げても、一方は恵まれている性であり、他方は剥奪されてきた性である。女性と男性は、その経済的格差により別々の階級に属しているという点は『自分だけの部屋』でも触れられていることであるが、『3ギニー』ではより明確に、この階級差が事実の見方にも影響を与えることが示されている。

教育という事実をとり上げてみましょう。あなた方の階級はパブリック・スクールと大学とで五〜六百年間も教育を受けてきましたが、私たち女性は六十年に過ぎません。財産という事実も取り上げてみましょう。あなた方の階級は結婚によってではなく、生まれつきの権利によって、実際、イングランドのあらゆる資産、あらゆる土地、あらゆる貴重な品々とすべての官職任命権を所有しています。一方、私たちの階級は結婚によってではなく、生まれつきの権利によって、実際、イングランドに何の資産も、土地も、貴重な品も、官職任命権も持っていません。このような相違が精神と身体のかなりの相違を生み出すことを心理学者も生物学者も否定はしないでしょう。そこで議論の余地のない事実として、「私たち」(we) ——「私たち」という言葉にこめる意味は、記憶と伝統に影響されている身体と脳と精神からなる統一体なのですが——はいくつかの本質的な点で「あなた方」とは今でも異なっているに違いないということになると思われます。「あなた方」の身体、脳、精神はこんなにも異なる方法で訓練され、記憶と伝統によって、こんなにも異なる影響を受けているのですから。私たちは同じ世界を見ていますが、それを異なる目で見ているのです。

(Woolf: 1998, 174–76)

例えば男性の教育を支えてきた「アーサー教育基金」がいかに男性と女性の教育と社会的立場を異なるものにしてきたかが、様々な文献や伝記の引用を通して論じられる。このような異なるバックグラウンドを持つ男性と女性にとっては当然、「愛国心」に関しても、両者が同じ見解を持つことは不可能であると指摘する。例えば、ある男性（Lord Hewart）のイギリスへの祝杯の挨拶を引用する。イギリスの学校や大学で教育を受け、恩恵を受けてきた彼のようなイギリス人にとっては、「自由」の敵を目の前にして、「自由」（の女神）が住み給うイギリス、イギリス人のふるさと（home）たるその城（castle）を守るのは当然であろう。一方、男性たち（educated man）の「愛国心」を、その姉妹たち（educated man's sister）も共有できるだろうか。自分たちはイギリスを誇りに思わなくてはならない理由が、ましてやイギリスを守らなくてはならない理由があるだろうか。そもそもイギリスで、これまでそれほど恵まれてきただろうか、と「わたし」は疑問を呈する（Woolf: 1998, 161–62）。

女子学生のためのコレッジ再建をサポートするにあたり、「わたし」はその「若くて貧しい」コレッジが、男性たちの「古く、伝統的で、豊かな」コレッジとは異なる教育を試みるように願う。

さて次に新しいコレッジ、貧しいコレッジでは何が教えられるべきでしょうか。他の人々を支配する技術ではありません。統治したり、殺したり、土地と資本を獲得する技術でもありません。それらはあまりに多額の諸経費、給料や制服や儀式を必要とします。……この新しいコレッジ、安上がりなコレッジのめざすものは、分離し専門化することではなく、むすびつけることなのです。それは心と身体を調和させる方法を探るでしょう。新しい結合が人間の生活にどんなよい統一体をもたらすかが明らかにされるでしょう。……古いコレッジは紛争の都市、こちらでは鍵をかけ、あちらでは鎖でくくりつける都市で、チョークの印を逸脱しないように、おえら方の気を損ねないように、誰も自由に歩いたり、自由に話したりできない場所なのです。しかしもしもコレッジが貧しかったら、差し出すものは何もないでしょうし、競争も廃止されることでしょう。人生は解放され、気楽なものとなるでしょう。学問そのものを愛する人々は、喜んでそこにやってくるでしょう。

（Woolf: 1938, 199–200）

そして古いコレッジの歴史や伝統が戦争を引き起こす体質作りに大いに貢献していたことが明かされる。古く、伝統ある教育、政治、法律、宗教、そして軍隊のシステムが必要とする儀式と衣装の象徴性については、実際に儀式用の華美な衣装を身につけた男性たちの写真を取り上げ論じられる。ストレイチーも『大義』の中で、社会進出を果たした女性がこうした男性たちの構築した儀式に参加することに対して、社会がどのように揶揄しているかを取り上げている。一方、ウルフはこの点においてより深く踏み込み、こうした儀式の華美な衣装の「地位を宣伝する」機能を暴き、それを必要とするシステムそのものを揶揄している。

まず始めにあなた方の衣服には驚いて、開いた口がふさがりません。公的な役割を果たしている教育を受けた男性が着ている衣服は、なんとたくさんの種類があって、なんとも立派で、ここぞとばかりに飾りたてられていることでしょう！

（Woolf: 1938, 177）

普段の比較的地味な服装に比べ、なぜ儀式では大層なふるまいと衣装が必要とされるのか、その色、刺繍、リボンや縁飾り、宝石や毛皮の装飾が意味するものは何なのかが検討され、それらが食料品店の商品一つ一つに付けられた「品質保証」のように、彼らの知的な、そして職業的な「地位」を宣伝するものであると述べている。

更にウルフは、これら華美な衣装をつけた男性たちの写真に、スペイン内戦の悲惨な状況を伝える崩壊した家と死体の写真を並置する。そして一見、何の関連もないように見られる二枚の写真が実は結びついていることを明らかにする。華美な衣装や装飾によって、また自分の名前の前後に肩書きや学位を表す文字を付けることによって知性や職業における地位や能力を宣伝することは、競争と嫉妬を助長する行動である。もしそのような「栄誉」の印を必要とする「学問」やシステムを軽蔑する態度を表明できるならば、ひいては戦争を引き起こす感情を抑止することにつながるのではないかと提案する（Woolf: 1938, 179–181）。

シンシア・エンローが『3ギニー』について指摘しているように、イギリスが誇る法律、大学、市民的奉仕、中産階級的洗練の中に、軍事主義を促進する要素が存在することにウルフは気づき、ユーモラスな形でそれらを暴いている。同時に、この第一次世界大戦後から第二次世界大戦にかけて、私的な領域から公的な領域へと進出し、経済的自立を手にした女性たちが、いつの間にか軍事化を促進するシステムの一員となっていくことに危機感を感じ、警告している（エンロー 214）。

ウルフは、教育や雇用の場で、困難な状況に置かれている女性たちや、そしてその女性たちをサポートしようと懸命になっている組織に理解は示している。また女性たちが、私的な領域に限られた教育と、父、兄弟、夫に依存する生活とを継続することは、戦争を抑止する上で何ら効力を持たないことも理解している。しかしながら、華美な衣装をつけたおえら方の行列、官庁街へと足早に急ぐ男性たちの行列を目にし、「わたし」は、今一度、立ち止まることを提案する。

わたしたちがこの移行の時にあたってあの行列についてたずね、答えなくてはならない問いは非常に重要で、その問いがあらゆる男性と女性の生活を永久に変えることがあるかもしれません。と言うのは、今、ここで、私たちはあの行列に加わりたいか、加わりたくないかを自分自身に尋ねてみなくてはならないからです。どのような条件であの行列に加わりましょうか。何よりもまず、あの教育を受けた男性たちのあのような行列は、私たちをどこに導いていくのでしょうか。

（Woolf: 1938, 242–43）

「わたし」が女性の就職を支援する協会を支持するにあたり提案したことは以下であった。職業の実践において、「貧困」から解放され自立できること、十分暮らせるならば、自分の知力を売ることをあきらめる「貞潔さ」（chastity）を持つこと、そして勲章や称号で自分の能力を評価しようとする輩には「嘲笑」を投げつけること、国家や大学など自分の所属に対する「本物ではない忠誠心」から自由であること、そしてこの協会が、性別、階級、人種や民族に拠らず、ふさわしい資格を持った人ならばどんな人をも支援すること、という条件で寄付に応じた。女性たちが職業に参加しても、職業に「汚されない」よう、また彼女たちが職業から、非人間性、獣性、恐怖、戦争の愚かしさを取り除くことを願っての行為であった。その寄付された一ギニーは、家々を燃やすためではなく、その窓を明るく照らすことへとつながって欲しいとの願いをこめて（Woolf: 1938, 269–275）。

5．爆撃を聞きながら

ストレイチーの『大義』は、イギリスの女性史における、教育や職業の場での問題点と改善への試み、参政権獲得までの流れを丹念に追った記録である。しかし、女性の戦時奉仕と、女性が進出していこうとする社会の構造については、まだ批判的には考察されていない。一方『3ギニー』では、女性の教育と就職の必要性を認め、それらに対する支援を支持しつつも、「戦争」に関しては一貫して「アウトサイダー」であることが提案される。その務めは、武器を持たないことはもちろん、「理性」を持って一切を無視することである。それは負傷者を目にしたときにさえ、一切の介護の手を差し伸べないという完全な「無関心」の態度である。そして「祖国」をさえ、その「祖国」が歴史と伝統の中で「女性」をどのように扱ってきたかを考え、「女性」という立場から「理性」的に見ることが求められる。もし「祖国」が自国の優位性を主張するならば、「理性」をもって、他国の歴史や文化をも学び比較・検討してみる（Woolf: 1938, 309–14）。戦争と軍隊について、それは「職業」であり、「幸福と興奮の源泉」であり、それがないと人間が衰えてしまう（deteriorate）「男らしさのはけ口」（an outlet for manly quality）なのだというレトリックを使って男性たちが戦争を推し進めるならば、そこから排除されている「女性」という立場を逆手に取って、理性的に考えることを提案する（Woolf: 1938, 160）。

ウルフの「空襲の中で平和について思う」（"Thoughts on Peace in an Air Raid" 1940[12]）というエッセイでは、

まさに頭上に爆撃の音を聞きながら、それでも「平和」について、「冷静な、そして一貫した」(cool and consecutive)思考を維持することの難しさ、そして重要さについて述べている(Woolf: 1970, 243)。

一方は「自由」を守るために戦うイギリスの若者たち、もう一方は「自由」を破壊しようとするドイツ兵たち、そして地上で飛行機の低いうなり声を頭上に聞きながらベッドに入るイギリスの女性たち。男性と女性は、そのジェンダーにより、空と地上という二分された空間の中に分類されている。そして、武器を携帯することは原則として認められず、政治的にも軍事的にも意思決定の場に立つことのない女性たちが、平和のためにどのような戦いに臨めるのかを模索している(Woolf: 1970, 244)。ここでは、空襲というまさに「理性」を失わせるような状況の中で、「祖国」が主張する「自由」――ガスマスクを用意しながらベッドに引きこもる生活が「自由」なのだろうか――とは何かを考察する。

「ヒトラー」とは誰なのか。権力への愛、他を奴隷化する欲望こそが「ヒトラー」であり、それを破壊することなしに「自由」はありえない。頭上で飛行機を駆る男性たちにも、ショーウィンドウーに映るきれいに化粧をした女性たちの中にも圧制と横暴を愛する無意識の「ヒトラー主義」(subconscious Hitlerism)は潜んでいる、と「祖国」に潜む「ヒトラー」の存在を指摘する(Woolf: 1970, 247)。ここでもまた、愛よりも「名誉」へと傭兵「オセロ」たちを駆り立てるものは、「本能」であるように書かれている(Woolf: 1970, 246)。しかし、男性たちが「本能」と呼ぶものは、実は競争と、そこで勝ち抜く「栄光」を尊ぶ教育と伝統が育むものであるのだというウルフの示唆は、『3ギニー』にも共通する。

エンローやリン・ハンリーなどにより、実際は、女性が組織を非軍事化するよりも、遥かに早い速度で女性が「軍事化」する、あるいは「軍事化」に貢献するようになることが指摘されている現在、ウルフの平和維持に向けられた主張は、消極的に感じられるかもしれない。ハンリーが指摘するように一旦戦時になれば、もちろん敵は、男性、女性という性に依らずに攻撃してくるであろう（ハンリー 74）。戦時下にあって「アウトサイダー」の立場を維持し続けることは困難である。ウルフがイギリスの若者たちを救うために必要なのは、武器による戦いではなく、「流れ」に逆らう精神の戦い（mental fight）だと主張したが（Woolf: 1970, 244）、戦時においてその戦いがどれほどの効力を発揮できるのか。だからこそ、「豊かさ」や「機会」を無批判に受け入れる危険性について考えること、広く軍事化に向かうレトリックを読み解く作業を続けることが一層重要である。

注

（1）フォーセットらの参政権運動は、「穏健派」と呼ばれ運動員は「サフラジスト」（Suffragist）と呼ばれた。一方、パンクハースト夫人を中心とした運動はラディカルで「サフラジェット」と呼ばれた運動員たちは、その暴力的行為のため投獄されることもあった。

（2）ストレイチーの著書、21章「グランディ夫人の死」では、第一次世界大戦後の女性たちの「進歩」が取り上げられている。Mrs（あるいはMr）Grundyとは、トーマス・モートンの劇、*Speed the Plough*（1798）に由来し、ヴィクトリア朝的な世間体やしきたりに口やかましい輩や世間一般の比喩として定着した。

（3）一ギニー＝二一シリング（一シリング＝一二ペンス）。これは専門職（弁護士等）の男性がそれぞれの仕事の一回分の報酬に値する。ちなみに女性が一般的に一回分の仕事で受け取る報酬は六シリングであった。ウルフの『3ギニー』については、出渕敬子訳を参照にし、筆者が適宜補足したものを使用。

（4）VADは、主にミドル、アッパーミドルクラスの女性たちが中心になり活動していたようである。戦時労働でも看護は比較的歴史の長い分野であるが、当時すでにThe Army Nursing Service、The Territorial Forces Nursing、Queen

Alexandra's Military Nursing Service、Naval Nursing Service が活動していて、これらの組織にも労働を提供したい女性たちが殺到した。その他に Hospital Supply Depots は、救急車の運転、医療器具の提供などを行った（Strachey 339）。なお、本書では当時の考えを反映するため看護婦という言葉を用いる。一九一四年の時点で奉仕を申し出た組織は、Women's Hospital Corps、Women's Emergency Corps、Women's Volunteer Reserve、Women's Defence Relief Corps、Women's Auxiliary Force、Women's Volunteer Motor Drivers、そして Home Service Corps などが記録に残っている（Harris 2）。

（5）ＦＡＮＹについては、公式ウェブサイトを参照。（https://www.fany.org.uk/history）

（6）"Our Brazen Flappers: A Question that needs urgent Attention"（Harris 8）

（7）*Autobiography of Harriet Martineau*（Vol. 1, 1985）マーティノー（1802–1876）は文筆家、ジャーナリスト。特に経済、労働、女性問題に関して多くの著作を残す。

（8）ストレイチーの『大義』については拙訳。適宜、栗栖美知子・出淵敬子訳を参考にした。

（9）「余った女性」（surplus woman）とは未婚女性のこと。一九世紀では、特に紳士の娘たちにとって「結婚」がほとんど唯一の生活手段だったため、戦死、植民地への男性の流出の影響は深刻だった。

（10）ウルフの『3ギニー』については、出淵訳を参考に、筆者が適宜補足したものを使用。

（11）ウルフの『自分だけの部屋』については、川本静子訳を参考にし、筆者が適宜補足したものを使用。

（12）*The Death of the Moth and Other Essays* 所収。

引用文献

Anderson, Bette. *We Just Got On With It: British Women in World War II*. Isis, 1994.

エンロー、シンシア『策略――女性を軍事化する国際政治』上野千鶴子・佐藤文香訳、岩波書店、二〇〇六。

ハンリー、リン「湾岸戦争のなかの女たち」三木のぶ子訳『インパクション』（一九九二年四月）七二―

七五。

Harris, Carol. *Women at War: In Uniform 1939–1945*. Sutton, 2003.

Marwick, Arthur. *Women at War: 1914–1918*. Fontana, 1977.

Spiers, Edward M. *A Military History of Scotland*. Edinburgh UP, 2014.

Strachey, Ray. *The Cause: A Short History of the Women's Movement in Great Britain*. G.Bell and Sons, 1928.

ストレイチー、レイ『イギリス女性運動史：1792-1928』栗栖美知子・出淵敬子監訳、みすず書房、二〇〇八。

Woolf, Virginia. *Death of the Moth and Other Essays*. Hartcourt Brace, 1970.

——. *A Room of One's Own and Three Guineas*. Oxford UP, 1998.

ウルフ、ヴァージニア『三ギニー　戦争と女性』出淵敬子訳、みすず書房、二〇〇六。

——.『私だけの部屋』（新装版）川本静子訳、みすず書房、二〇一三。

第Ⅱ部　第二次世界大戦下の制服ガール

第1章 イギリスにおける女たちの銃後

有名な劇作家、文筆家であり、戦時下のイギリスでラジオの人気者だったJ・B・プリーストリーは、第二次世界大戦について「イギリスほど戦時において徹底的に女性を動員した国はない。そして多くの女性が自ら進んで国家奉仕（National Service）へ身を捧げた」と述べている（Anderson 1）。第二次世界大戦時に直ちに多くの女性の労働力を動員できたのは、第一次世界大戦の経験があったからである。

第I部第3章で述べたように、女性の労働力は無視できない存在となっていた。すでに多くの女性たちが戦時活動への参加を求められ、戦場に送られた熟練工場労働者に代わって女性たちが軍需工場を支えた。そして制服を身につけ軍隊を援護する女性たちも現れた。選挙権を得て、「市民」として受け入れられた女性は必要に応じて「家庭」から出ることが要求される。そして総力戦となった一九四〇年以降のイギリスでは、女性たちの戦時貢献は「英雄的」なものとして扱われている。

やがて歴史家たちはこう言うだろう。女性や子どもに対する無法な戦争を行い、文明を脅かす無慈悲な国家に対し、有能で断固とした女性たちがその国家の邪悪な意志に立ち向かったのだと。

ナチズムは、女性が近代において手に入れた権利を奪おうとし、彼女たちを魂のない奴隷状態に引き戻そうとしている。二つの拳がナチを動かす狂気を叩くであろう。一つは、名誉と自由を愛するように、母、恋人、娘たちを愛するイギリスの男たちの拳。もう一つはイギリスの女性たちの拳である。彼女たちは神聖なる家庭が脅かされたとき、男性の同志としての権利が自分たちにあることを証明したのだ。

（"Fall in for War Service for Women" Anderson 14）

「ホーム」（国家・家庭）を侵害された女性たちは男性とともに立ち上がることが求められた。しかし戦時奉仕の現場は伝統的な役割分担を反映し、「女らしい」役割を求めることがほとんどであった。またプリーストリーが「男性は兵役につけば家庭、子どもへの責任から逃れられるが、女性の場合は更なる責任が重なるのみであった」と言い表したように（"BBC Postscripts" Anderson 17）、女性は家庭という空間から出ても、そこでの役割から逃れられるわけではなかった。そして「女性」であることと「市民」であることを両立することは、時に矛盾を孕《はら》んでいた。国家的要請に応えて奉仕に出ることが英雄的なこととして推進される一方、既婚であれ、未婚であれ、よき妻・母、従順な娘という役割から逸脱したとき、その姿は「女らしさ」が欠けたものとして非難されることもまた一方にはあったのである。

1．第二次世界大戦勃発と女性労働力の再「動員」（mobilization）へ

第一次世界大戦に軍隊に導入された女性の補助団体（auxiliary force）については、陸・海・空軍のい

ずれも平時においては女性の援護を必要とするべきではないと、一九二一年には全ての解散が完了した。そして女性工場労働者の多くが職を奪われた。しかしその活躍は、女性の人的リソースの存在を国家に印象付け、第二次世界大戦ではその再動員が求められた。

一九四〇年七月、イギリス本国へのドイツ軍の激しい空爆を伴うバトル・オブ・ブリテンが始まる。一九四一年、戦況は更に深刻になり、ウィンストン・チャーチル首相は、一二月、「国家総動員法」（National Service No.2 Act）を通過させ、一九～三〇歳の独身女性と未亡人、子どもがいない女性を対象とした「女性の徴兵」を法案として成立させる。一九一八～二三年に生まれた女性たちが最初に集められた。軍事援護活動、民間防衛、軍需工場での労働、そしてボランティア活動などの選択肢があった（Harris 35）。一九万人の女性が軍事に携わり、そこには二等中将（Lieutenant）のプリンセス、エリザベス・ウィンザーも含まれている。

女性の戦時奉仕を促す組織は多岐にわたり三〇年代に入り戦争の気配が近づくと、再組織化を始める団体が見られる。その中の一つに第一次世界大戦時に活躍し、一九三九年に再開した女性農耕部隊（Women's Land Army 以下ＷＬＡ）がある。戸外で働く健康的な女性たちというイメージでアピールし、国の食料供給を支援するという目的は従来の女性の役割分担に比較的馴染みやすいものだったかもしれない。一九三九年には四五〇〇人だった「ランド・ガール」（Land Girls）は一九四三年には七万一千人に増加した。一九四四年には、ＷＬＡやＹＭＣＡ、そして政府が経営するホステルが七百軒ほどあり、ランド・ガールたちはそこに滞在し、季節労働で乳牛の世話、干草作り、ジャガイモの収穫などを行った。その他に、園芸、灌漑、ねずみの駆除などにも携わった（Briggs 52–59）。ＷＬＡは、農業技術の他にも実用的な訓

2-1-3　空軍女性補助部隊のポスター

2-1-1　国防義勇軍女性補助部隊のポスター

2-1-4　女性農耕部隊のポスター

2-1-2　海軍女性補助部隊のポスター

※いずれも帝国戦争博物館（ロンドン）所蔵

練を実施していたため、農家の女性はＷＬＡを志望することが多かった。給与は、滞在費などを除くと手元に残るのはわずかで、戦後、その働きは戦時貢献として認められなかったが、国内の食料自給率アップに大いに貢献したことは確かである（Anderson 99–100）。本国に大きな被害を受けたイギリスは終戦後も食料問題は深刻で、ＷＬＡの需要は他の組織よりも大きく、最終的に解散したのは一九五〇年であった。

女性製材部隊（Women's Timber Corps）は、第一次世界大戦時結成された女性林業部隊（Women's Forestry Corps）の後身として一九四二年に結成され、ＷＬＡとは別のユニフォームを支給された。林業は女性の仕事ではないと考えられていたが、目覚ましい活躍によりこのような思い込みは払拭された。戦前は林業では軽微な作業に携わる女性が二～三百人いたに過ぎないが、一九四二年は一千人、一九四三年にはイングランドとウェールズで五千人以上のランバー・ジル（Lumber Jill）が登場した。彼女たちの活躍は、戦前は九〇％の木材輸入が戦時中は二五％に減少したことからも窺われる。炭焼きの仕事も含まれていて、炭を洗い落とす石鹸の配給クーポンが足りないという不満があったようである（Anderson 104–105）。

第一次世界大戦時、「労働希釈」で工場に雇用された女性の多くが戦後、職場を追われた。そして、一九三九年くらいまで女性には主に非熟練者用の作業しか与えられなかったが、戦争が長期化、深刻化するにつれて五人の男性に対し三人の女性が働き、女性労働者の数は最終的にパートタイムも含めて二百万人を超えた。しかしながら社会の反応は複雑であった。労働省は、いわゆる「女性の仕事」以外に女性を雇用することに最初は消極的で、一九三九年の八月には、二八万二一四八人から三七万八九八三人に失業者は増えていた。やがて政府による職業訓練センターが発足し、広く女性の職業訓練を行い、あらゆる分野で女性が雇用されるようになった（Anderson 85）。

一九四〇年に「緊急防衛法案」（Emergency Powers Bill）が国会を通過し、労働省が個人にそれぞれ労働を指示することになった。同時に国家合同諮問会議は、非熟練男性労働者や女性労働者が、十分な能力を発揮できる場合には「男性並みの」給与を支払うように工場側に働きかけた。女性と男性の賃金格差は明らかで、ある飛行機工場では、全く同じ作業に女性には週に四三シリング（£2.15）、男性には七三シリング（£3.65）支払っていた。一九四一年には増加する需要に応えるため、一四歳以上の子どものいない女性は全て労働力と見なされた。労働大臣は、男性労働者が中心の職場には無かった問題を想定して、女性のメンバーを含む特別の諮問委員会（Women's Consultative Committee）を立ち上げた。結婚し、家庭を持っている多くの女性は「移動不可」（immobile）とみなされる一方、未婚の女性は故郷を離れて、転々と工場を移動して働いた。一方では、このような若い女性が、早くから家族の監視を免れ自分の収入を得ることに対し、批判的な目が向けられ、彼女たちの金銭感覚と道徳観に社会は注目した（Anderson 11–13）。

一九三七年に最初の空襲警戒に関する組織が提案される。内務省は女性も民間防衛に積極的に参加すべきだと主張したが、ここでも戦争が現実に近づくまでは女性の参加はあまり盛り上がりを見せなかった。やがて民間防衛は日常生活の一部となり、女性の責任は増大した。空襲時、巡視員（warden）の役割は重要であった。地域の対空襲組織を熟知し、爆撃の際は警察、消防、救急との連携を図り、人々を誘導する。ブリッツ（Blitz）[1]の際には、六名のうち一人は女性であった。

一九三八年三月女性志願部隊（Women's Voluntary Service）が発足し、工場や農場に働きに出られない既婚女性が多く参加した。空襲時の保護施設や食堂・売店（canteen）の運営を無償で行った。郊外では、働く母親の子どもや疎開（Evacuation）してきた子どもたちの世話をした（Cooper 13）。

消防は当初、女性には危険すぎる「男性の仕事」とみなされていた。一九三八年、消防補助部隊（Auxiliary Fire Service 以下ＡＦＳ）が結成され、女性は運転手、事務職、電話交換士、管制室スタッフとして採用された。ロンドンだけで五千人の女性が採用された。地域の消防団とＡＦＳが統合し、全国消防省（National Fire Service）が発足する。やはり、困難な状況で業務を推進した女性たちが消防の分野で表彰されている（Anderson 52–56）。

2．テクノロジーと女性たち

テクノロジーは男女間の肉体的な能力の差異を超えることを可能にする。二〇世紀に入り、自動車の運転技術を有する層が形成された。それは階級の差異も反映している。救急車の運転は特に女性の仕事とみなされた。救急補助部隊（Auxiliary Ambulance Service）は一九三八年に開始し、訓練も女性のみで行われていた。贅沢品であった自動車を所有する中上流階級のそれまで働く必要の無かった女性たちが多く参加した。最初の救急車はありあわせの自動車を改造したものであった。一九三九年から男性も受け入れられたが、戦時中、女性は男性の倍の人数を占めた。激しい空襲の中、沈着冷静に救助活動を行い、政府から表彰された者もいる（Anderson 52–54）。

軍の女性補助部隊が動員解除された後も、看護部門と独立した団体であった先述の救急看護義勇団

（ＦＡＮＹ）は戦間期も訓練を継続していた。軍部にはＦＡＮＹを高く評価するものもおり、陸軍省に公式に認められた唯一の女性団体となり、陸軍省のスタッフの送迎に二〇台の車が駆り出された。一九三七年には、正式に輸送女性部隊（Women's Transport Service）に変更された。一九三三年にはアリス王女が第一司令官として迎えられる。陸軍名簿に登録され、ＦＡＮＹは軍部の運送部として認められる。陸軍の規則に従い、運転手、整備士の試験を受け、救急車、トラックなどの乗物も供給された。一九三〇年代から救急医療よりも患者の搬送に力点をおいた活動を展開し、やがて輸送女性部隊としてのＦＡＮＹとして認識されるようになった。一九三九年、ソ連がフィンランドに侵攻する。一九四〇年四〇人のＦＡＮＹと一〇台の救急車がスウェーデン経由でフィンランドに入り、ロシアに割譲されたカレリアからの難民の移動に手を貸した。そして一九四〇年から終戦まで、ポーランド難民から成る団体とともに、運転手、事務職、調理、その他の業務に従事した。ＦＡＮＹのメンバーの多くは軍人の家系で、比較的裕福な家庭出身のものが多く、自分たちの独立した組織に誇りを持ち、メンバーはお互いに親しみを持っていた。一九三八年後述するＡＴＳに吸収される際は、厳格な上下関係が求められる陸軍の一部となることに抵抗もあったようだ（Harris 18）[2]。

戦時下のＦＡＮＹは、運転手だけでなく、通信士、無線オペレーター、暗号の作成と解読、レーダー操作などに登用された。また、特筆すべきは特殊任務部隊（Special Operations Executive 以下ＳＯＥ）と深く関わっていた点である。戦時中のメンバー六千人中、二千人がＳＯＥに関わっていたと言われる。ＳＯＥは、一九四〇年七月、チャーチルの命により結成され、特にフランスで対ドイツ軍として展開していた部隊が有名である。ＦＡＮＹは特に通信部隊としてモールス信号の訓練を受け、秘密諜報員との情報のやりとりを担当した。映画や小説で有名になった秘密情報部員ヴァイオレット・ザボー（1921–1945）やオデット・チャーチル（1912–1995）は、女性の勇気と忍耐の象徴となっている。またSOEの訓練施設のスタッフはFANYのメンバーであった。諜報員としてフランスに送られた五〇人の女性のうち、三九人がFANY出身者、内一三人がナチスの秘密警察ゲシュタポに囚われ、殺害されている。女性たちが選ばれた理由に、強制労働を強いられていた、あるいはレジスタンスとして目をつけられていた男性よりも自由に動きやすかったためと言われる。大陸に送られたFANYたちは、フランスについて完璧な知識を有し、フランス語を操り、そして家族はほとんどいなかった。まず現場に必要な一通りの訓練を受け、一見、スーツケースに見える鞄に無線を入れて持ち運び、操作することも覚える。ベルギーの秘密諜報員養成学校にて、スパイ活動や複雑な暗号を学ぶ。教官もまたFANYで訓練にあたり、個々の諜報員の長所、短所を記録した。そしていよいよ現場に出るときは、コンパクト、口紅、香水などの記念品がいざという時の青酸カリとともに手渡された。

アフリカ、アジアの困難な状況で軍隊に給食活動を行ったフリーFANYたちもいた。一九四五年一〇月、FANYのメンバーがスマトラで捕虜たちとともに五千フィートの山越えを伴う九〇キロを踏破した際、日本人捕虜は自分たちを率いているのが一人の女性であることに驚愕したという（Anderson 168）。

一九四〇年六月、ロンドンのバスで初めての女性車掌が採用され、五年のうちに、一万人の女性がバスやトラムを動かしていた。多くの男性が戦地へ召集されると、タクシーで働く女性も増加した。運転手だけではなく鉄道に関わるポーター、貨物の手配、警備や清掃に多くの女性が従事し、イギリスの鉄道の六分の一が女性の労働力で動かされていた。

　運河は重要な輸送手段の一つであったが、そこにもすでに多くの女性が仕事に従事していた。一九四三年にはますます労働力が不足し、女性は積極的に登用された。一九四四年には、一一人の乗組員がロンドンーバーミンガム間とリーズーリバプール間の船を運行していた。彼女たちは胸のバッジＩＷ（Inland Waterways）から、「なまけもの」（Idle Women）とからかわれたが、その仕事ぶりはその呼び名を覆すものであった（Anderson 92）。

　二つの大戦の間、航空機は大きな進歩を遂げた。一九三〇年代は飛行機の個人所有やクラブが人気で、腕に覚えのある者たちは、戦争が始まると自分たちの能力を生かすために民間対空監視哨（Civil Air Guard 以下ＣＡＧ）を結成した。メンバーは英国空軍（Royal Air Force 以下ＲＡＦ）あるいは空軍女性補助部隊（Women's Auxiliary Air Force 以下ＷＡＡＦ）に勧誘されるが、ＷＡＡＦでは女性の飛行機の操縦は認められていなかった。そこで何人かの女性は航空輸送補助部隊（Air Transport Auxiliary 以下ＡＴＡ）で働くことを選んだ。ＡＴＡは民間組織で最初は英国海外航空（British Overseas Airways Corporation 以下ＢＯＡＣ）と提携していた。構成員はパイロットの年齢制限のためにＲＡＦに入隊できなかった男性がほとんどで、主に工場から基地までの飛行機の輸送を担当した。一九四〇年に優秀なパイロットとして知られていたポーリーン・ガワー（1910–1947）は女性の部署の設置を依頼され、航空経験も豊富な八人の女性たちがＢＯＡＣの試験を受けた。その時点でも職に就けない男性がいたため、「男性の仕事」である航空部門に女性を登用することに批判はあったが、すでに新たに男性をパイロットとして訓練する時間は無かった（Anderson 142）。

最初の女性パイロットは古いタイプの練習機タイガー・モス（Tiger Moths）の操縦を任された。男性ならば軽く見逃してもらえるミスも、女性パイロットの場合は厳しく非難された。しかし、やがて彼女たちは自分たちが優れたパイロットであることを証明し、悪評を覆していった。パイロットは操縦できる飛行機によって五段階に分けられるが四つのエンジンを持つ爆撃機を操縦できるクラスⅤにまで上りつめた女性は一一名でその中にはイギリスからオーストラリアまでの単独飛行を成功させたエイミー・ジョンソン（1903–1941）も含まれている。一九四四年には全体の二〇％である百名の女性パイロットが八万台を輸送した。クラスⅤを除いてその全てが単独飛行である（Anderson 143）。

3．軍隊の女性補助部隊

第一次世界大戦同様、第二次世界大戦においても、陸・海・空の国防軍はそれぞれ女性補助部隊を持っていた。彼女たちが武器を握ることはまれで、より多くの男性を戦場に送るため、主に調理、配膳、売店の運営、清掃、事務、通信といった業務に携わっていた。

一八三八年五月、第一次世界大戦時、女性補助部隊を編成するのに力を尽くした女性たちが、女性の国防軍（Territorial Army）を編成すべきではないかと、陸軍運営に関わっていた陸軍少将ジョン・ブラウンと陸軍省に集まり、話し合いを持った。三〇年代初め、ロンドンデリ侯爵夫人は緊急時に士官として働く女性を訓練する機関、女性軍隊（Women's Legion）の設置を提案した。一九三六年には、平時において、女性の軍事力を確保するのは望ましくないと防衛委員会は考えていた。一九三八年に女性の活用計画が進められ、依然としてその重要性は低かったが、女性補助防衛部隊（Women's Auxiliary Defence Service 以下WADS）として訓練が始まる。WADSは後に国防義勇軍女性補助部隊（Auxiliary Territorial Service 以下ATS）と改名する。第一次世界大戦時、フランス支部を率いていたグィンヴォーンは、この組織を立ち上げる際、大きな活躍を果たし、第二次世界大戦の気配が近づくと、ATSの主席管制官となる。

一九四〇年にドイツによる「ブリッツ」と呼ばれる大空襲が始まるまでは特に目立った戦闘もなかったため、「まやかしの戦争」（Phoney War）と呼ばれた。この比較的平和な時期においては、ATSの制服の女性たちは好奇の目で見られることも多かったようだ。「更衣室に帽子、コート、毛皮、ハンドバックを脱ぎ散らかして、ハイヒールと絹のストッキングで訓練する『イギリスのブラウス・スカート軍』（Britain's blouse and skirt army）」と一九三八年十月の訓練開始当初のATSをある記事は描写している（「ブリテンの女性軍隊」『ピクチャー・ポスト』一九四〇年二月一七日号）。

ATSは主に陸軍の銃後を担った。それまで仕事に就いていなかった女性（leisured girls）、販売、ドレスメイカー、美容師、工場労働者、家事労働者、女優、教師などがATSを志望した。一九四三年一二月、ATSには二〇万人の隊員、六千人の士官がいた。ATSはより多くの男性が快適に戦闘活動に集中できるよう、調理、営巣、事務、トラックの運転、電気工事、大工、溶接、そして砲弾を詰める作業など様々な仕事に携わった（Cooper 17）。プロパガンダ映画『優しき性』（*The Gentle Sex* 1943）では、あらゆる階級の女性がATSのメンバーとして効率よく働いている様が描かれる。

しかし長い距離を、重い荷物を背負い行進する陸軍の補佐は女性に期待される優雅（elegant）で華やかな（glamorous）なイメージからは程遠いものであった。配給は、男性の五分の四、給与は三分の二であった（Harris 20）。一九四一年に、ATSは、陸軍法に基づき男性と同様の地位が与えられるが、殺傷能力のある武器を操ることには本人の了承が必要だった。当初は福利厚生も整わず、一九四二年夏の政府の公式の報告があるまでは、飲酒、不道徳、そして妊娠などこの組織に関する根拠のない噂が出回ったため、娘を持つ親や若い女性たちの間にはこの組織に入ることを控えるものが増え、人員確保に影響を与えた（Anderson 131）。ATSでは妊娠二ヶ月以上のものは職務を離れることが求められた。ATSの隊員、アン・ヴァーリー（Anne Varley）が回顧するように、陸軍と近い関係にあったATSの中には妊娠のために解雇されるもの、不法な中絶をするものもいたらしい（Harris 34）。こうした「不祥事」は過剰にメディアに取り上げられたため、ATSを指揮するグィンヴォーンは、人員確保を妨害するドイツのプロパガンダだと主張した（Harris 11）。

戦時中、ATSだったヴァーリーは女性の生活の変化について以下のように回顧している。

> 女性の生活は大きく変わりました。ほとんどの女性が自分の収入を持ち、自分の支出を管理し、家族や隣人の干渉から自由になりました。戦争が進むにつれて、女性は十分な収入を持つようになり、新しい友達と、パブや、職場である工場や、ダンスに行きました。そしてそこで新しい言葉を覚えました。その中には少なからず悪い言葉も含まれていました。ATSは、すぐに自分たちのことを「将校方の敷物」（officers' groundsheets）と呼ぶ兵士たちに応える術を身につけていきました。（Harris 36）

「上官と気軽に寝る女」として、ATSは心無い揶揄を受けていた。二〇〇二年に放送を開始した第二次世界大戦時を舞台にしたドラマ『刑事フォイル』(*Foyle's War* NHK BSプレミアムで二〇一五年に放送)には、主人公フォイルの有能な運転手としてサム(サマンサ・スチュアート)がATSの制服姿で登場する。第8話には「将校方の敷物」と呼ばれるATSの評判を気にする家族がサムに家に戻るよう告げる、というエピソードがあるが、それはこうした当時の状況を反映している。

制服の女性たちはその美貌においても、社会の注目を浴びていた。グィンヴォーンの後にトップに就いたジーン・ノックス(Jean Knox)は、前任者と対照的な「華やかな」(glamorous)な士官であったらしい。彼女はATSの制服をよりスマートなものにして、労働条件を改善し、ATSのイメージと広告戦略を刷新した(Harris 34)。職務中の化粧はしばしば論争の的となったが、グィンヴォーンは、「ナチュラルメイク」を心がけるように助言していたらしい。一方では、ノーサンバランド支部の司令官であるアインスワース(Ainsworth)は「さえない娘たちを引き連れていっても、国のために一文の得にもならない。美しくメイクアップした方がいい」と主張した(Harris 27)。新聞や女性誌の広告にも、制服の女性たちが登場し、清潔さ、そして「制服の下の女らしさ」を忘れないことが推奨されている。戦時中、倹約・節約が推奨される一方で、わずかながらでも自分の自由になるお金を手に入れた制服の女性たちは、消費においても重要な役割を担いつつあったようだ。

食事を兵士へ供給することは、援護組織の重要な業務であった。陸海空軍厚生機関(Navy, Army and Air Force Institutes 以下NAAFI)は、国防軍全てにまたがる組織で、官営食堂・売店(canteen)の運営を主に担当し、戦前から半分以上が女性で占められていた。一九四三年には、女性の割合は八五%に増加し、ピーク時には六万人の女性が働いていた。戦場への出動が必要なこの組織はジュネーヴ協定（Geneva Convention）で、戦闘員と同様の保護を受けるように設定されていた。NAAFIの女性たちは時にATSの制服で海外へも出動し、時には悪条件の元、過酷な労働条件で食料を提供しなければならなかった。働く女性たちの笑顔が戦場の男性たちの慰めとなることもあったらしい。北アフリカで戦闘に当たっていた兵士の一人は以下のように回顧している。

たとえ売り物のビールが無かったとしても、その笑顔にお金を払ったよ。砂漠から帰ると、故郷の娘たちが腕まくりをして洗いものをしている。そうした姿を見ることが自分たち兵士にとってどんなに意味を持っていることか。（Anderson 152）

微笑を浮かべ、甲斐甲斐しく男性の世話をする女性。このイメージは「男性領域」である戦場の女性イメージのパターンとなり、メディアでも繰り返し取り上げられる。

空軍では、第一次世界大戦時RAFとともに結成され、そして解散されたWRAFに代わって、一九三九年に先述のWAAFが結成された。二三四人の士官と一五〇〇人のエアウーマン（airwomen）から成り、彼女らは事務職、調理、配膳、パラシュートの製造、整備、あるいは運転手などを担当した。一部は指令室で、地図上の敵機をマークし、レーダー探査で活躍するメンバーもいた。(3) しかしWAAFでは、女性は飛行機の操縦を許可されることは無かった。

一九四〇年には、士官は三六〇人に、女性全体は八千人に増加し、戦争終結までには、一八万二千人の女性がＷＡＡＦで働いた。それはＲＡＦ全体の一六％、国内に限れば二二％に当たる。最初の二年間は単なる補助的な部門と考えられていたが、一九四一年にＷＡＡＦは正式に空軍の一部と認められ、空軍法が適用された。ＷＡＡＦに開かれた部門としてバルーン・オペレーター（Balloon Operator）がある。空襲の際、敵機を妨害する阻塞気球を操作する。一九四一年四月には、二〇人の志望者が一〇週間の訓練を受け、開始した。これは後述するが女性にも開かれた「男性の仕事」としてメディアでも取り上げられる。一九四二年には、一万五七〇〇人の女性が、男性たちに代わり働いた（Anderson 138–39）。

一九三八年、政府刊行物に初めて海軍へ女性を導入するという一文が現れ、一九三九年に海軍女性補助部隊（Ｗｒｅｎｓ）が再開した。極限られた業務に一五〇〇名の求人があり、その一〇倍の応募があったが、最初の海軍女性隊員（Wrens）の多くは海軍関係者の家族から選ばれたようだ。一九四二年には四万人の女性が海軍の銃後活動を行っており、第二次世界大戦中に七万二千人が働く。一部は空襲の際の特別機雷警備隊（Special Minewatch Units）として、テムズ川沿いの機雷を発見し、撤去するまで川を封鎖するという役目を果たした（Cooper 15）。陸地での任務が少ない海軍で働く女性の数は、陸軍、空軍には遠く及ばない。当初女性隊員は軍人ではなく市民として扱われていたが、一九四一年に海軍としての義務と責任、そして権利を持つようになった（Anderson 124）。

「男性領域」であった軍隊において、女性はどのような立場に置かれていたのだろうか。女性の組織を立ち上げるときにトップに立ったのはグィンヴォーンのような上流階級出身者であった。彼女自身は、「指導者にふさわしい威厳と知性を持つ人物ならば、女中が士官になっても構わない……私が今まであった中で一番素晴らしい士官は巡査の娘であった」という見解を持ってはいたようだが（Harris 25–27）、昇進については、やはり称号のある女性が有利であった。
二つの大戦を通して、「市民」としての役割を求められたとき、確かに女性たちはそれまでの限られた領域から出る機会を与えられた。若い工場労働者たちは、それまでは自分たちの生まれ育った土地から出ることは稀であったのに対し、短期間のうちに転々と場所を移動できる存在となった。自動車や飛行機といった新しいテクノロジーによって、一部の女性は活動範囲を広げ、身につけた運転技術を社会で活かす場を得た。陸・海・空軍の補助部隊での労働は、それまでのジェンダーによる役割分担を反映していたが、工場労働と同様に多くの女性に独立した収入を与えた。また戦争によって、海外に渡った女性たち、海外との交流を持った女性たちもいた。一九四四年五月には二万人のイギリス女性がアメリカ人兵士と結婚していた（Cooper 27）。先述したＡＴＳのヴァーリーは更に以下のように述べている。

私たちは生まれながらにして、お金や教育から遠ざけられ、偏見を受けてきた。女の子は、性に無知なまま育てられ、「男とは張り合うな」と教える世界に私たちは暮らしていた。大人になると、避妊は「不潔」なものとして教えられ、その手段を利用することは難しく、一方、中絶はほとんど犯罪と見なされるのだ。もし男性の同伴者がいなければまともなレストランで食事をすることもできず、パブに入ることは恥ずべきこととされていた。そして警察でさえ、夫と妻の間に入ることは許されない。たとえ妻が暴力を受けていたとしても。私たちは家庭に属す、小さな、か弱き性だった。（Harris 9）

戦争は女性たちにある種の解放をもたらした。しかしながら、新しく与えられた領域内でも既存の男女の役割分担がなくなったわけではない。また「市民」として行動したがゆえに、「女らしさ」に抵触すると非難されることもあった。そしてそれまでは閉ざされていた「男性領域」に性に無知なまま飛び込むことは、時に望まない妊娠などの困難を女性にもたらすこともあった。

ヴァージニア・ウルフが『3ギニー』で考察したような「解放」に伴う問題点も挙げられるであろう。第二次世界大戦時には、宗教的信念から戦争に加担しない女性機関（Women's Institute）などのクエーカー教徒の団体があった。そうした団体は人道的な立場から良心的兵役拒否を実践し、負傷者や孤児の手助けをしていた（Anderson 41, 75）。「市民」として活動すること、「解放」されることが、一方では他国を侵略し、他者を殺戮する戦争に加担することになる点は批判的に考えていく必要がある。

注

（1）電撃戦（独）blitzkrieg（lightening war）に由来し、特に第二次世界大戦時のイギリスにおけるドイツ軍による大規模空襲を指す。
（2）司令官メアリ・バクスター－エリス（Mary Baxter-Ellis）とATSの司令官グウィングヴォーンの間にあった不和もFANYの抵抗の一つの原因であったようだ（Harris 18）。
（3）写真分析や航空写真で活躍したものとしてConstance Babington Smith、Sarah Churchill、Dorothy Garrodの名前が残っている（Anderson 139–40）。

引用文献

Anderson, Bette. *We Just Got On With It: British Women in World War II*. Isis, 1994.

Briggs, Asa. *Go To It!: Working for Victory on the Home Fron 1939–1945*. Mitchell Beazley, 2000.

Cooper, Alison. *Women's War: Britain in World War II*. Hodder, 2003.

Harris, Carol. *Women at War: In Uniform 1939–1945*. Sutton, 2003.

Priestley, J. B. *British Women Go To War*. Collins, 1943.

第2章
写真週刊誌『ピクチャー・ポスト』の制服のカバーガール

第二次世界大戦で各国が凌ぎを削ったのは大量殺戮兵器の開発だけではない。総力戦には軍人ではない国民を効果的に動員しなければならず、そのためには国民にその国家の「大義」を広く理解させ、戦闘へと鼓舞するメディア戦略が欠かせない。国民を効果的に動員するためには、第二次世界大戦下のイギリスで最も大きな影響力を持っていたメディアの一つ、写真週刊誌『ピクチャー・ポスト』を開くと、女性たちがこうしたメディア戦略の一翼を担っていたことがわかる。ここでは、一九三九年から一九四五年にかけて、この雑誌の表紙に見られたカバーガールを取り上げ、第二次世界大戦下のイギリスで、女性たちがどのように表象されていたのか、また、女性像全体の中で、制服ガールたちはどのような役割を担ったのか見ていこう。「写真」という、一見、「現実」を映し出し、「ノン・フィクション」であると思わせるメディアにも、戦時下という状況、国家や出版社の方針、そして当時のジェンダー観を照らし合わせてみると、やはりそこには虚構性が見られる。『ピクチャー・ポスト』のカバーガールは、どのような戦時下の幻想を構築したのだろうか。

1.『ピクチャー・ポスト』というメディア

『ピクチャー・ポスト』（正式名称 *Picture Post: Hulton's National Weekly*）は一九三八年一〇月に創刊し、一九五七年に廃刊を迎えた。発行頻度は週に一回で、価格は三ペンス（3d）であった。判型はB4版の変形（三五センチ×横二六センチ）である。同じく写真週刊誌として有名なアメリカの『ライフ』誌と表紙のレイアウトは類似しており、誌名とメインとなる記事のヘッドラインは赤に白抜きであるが、他は白黒で印刷してある。戦後はカラー印刷も導入される。ページ数は、創刊時は七五ページで始まったが、その後、八八～一〇四ページに拡大した。しかしながら戦時中、物資不足のため四五～三〇ページ程度へと減少している。グラビアと活版の割合は七対三～六対四だろうか。販売部数は創刊号七五万部→四ヶ月後一三五万部→一九四二年一四二万二千部→一九四三年九五万部→一九五二年九三万五千部と推移している。対象となる読者層は、読者欄や広告の内容から判断して男女ともに広く読まれていたと考えられる。[1]

この雑誌の正式名称に登場している名前は、創始者のエドワード・ハルトン（Edward Hulton）で、親子三代に渡り新聞・雑誌を中心とした出版界で活躍した。初代編集長ステファン・ローラント（Stefan Lorant）はハンガリー系ユダヤ人で、かつてドイツで写真雑誌『ミュンヒナー・イルストリールテ・プレッセ』の編集長をしていた。一九三三年のナチスの政権獲得により、ドイツからこのような革新的な写真雑誌が消え、ローラントは投獄される。彼の獄中記『私はヒトラーの囚人だった』（*I Was Hitler's*

Prisoner, 1935）は、ロンドンで評判を呼ぶ。仕事を失ったカメラマンやジャーナリストたちが、亡命先で活躍し始めたのがこの時代であり（武藤 274）、「フォト・ジャーナリズム」がイギリスにもたらされた。その後、ヨーロッパ戦線のドイツの勢いは止まらず、ローラントは一九四〇年にアメリカに移住し、創刊当時より関わっていたトム・ホプキンスン（Tom Hopkinson）が一九五〇年まで編集長になる。ハルトン自身は保守党支持であったが、編集方針の大部分は編集長に一任され、戦時中は一貫して反ナチズムという姿勢を取っていた。(2)

『ピクチャー・ポスト』の成功の背景として、福西由実子が指摘している様に一九三〇年代には、視覚的な素材を使った『デイリー・メイル』（一八九六年創刊）や『デイリー・エクスプレス』（一九〇〇年創刊）などの大衆紙が多くの読者を集め、写真週刊誌を受け入れる素地ができていたことが挙げられる（武藤 276）。また、その編集方針は、第二次世界大戦におけるイギリスの「大義」であった民主主義に一致していた。イギリスにとっての第二次世界大戦の一般的な評価は、「反ファシズム」の「よき戦争」である。しかし、イギリスは第一次世界大戦で疲弊した経済状況のまま、戦わざるを得なかったため、おのずと「総力戦」（Total War）の様相を呈していった。

また結果的には戦勝国となったが、イギリス本国にドイツの激しい空襲、ブリッツを受けたため、前線とホームフロントの区別が曖昧になり、女性を含む多くの市民が戦争に参加することが求められた「人々の戦争」（People's War）でもある。一九三九年一〇月七日号、創刊一周年を記念して、改めてこの雑誌は編集の四つの基本方針を示す。まず、「普通の人々」（ordinary man and woman）を尊重し、彼らの視点に立つ。第二に、これまでになく、「写真」で物事を伝える。第三に、民主主義を推し進め、全体主義に反対する姿勢をつらぬく。そして最後に、社会的地位を持っている人々よりも、「普通の人々」の生業に興味を向け、写していくことを、挙げている。(3) この戦争を戦い抜いた「普通の人々」に意識的に目を向け「反ファシズム」を詠った『ピクチャー・ポスト』は、第二次世界大戦下でもっとも影響力の強いメディアの一つとなった。一九三九年一一月にはこの雑誌の影響力に注目した情報省が編集部を召還し、写真や雑誌を使った公式プロパガンダ政策への協力を要請するまでに至った。

『ピクチャー・ポスト』に見られる人々は、この時代を代表するイメージとして考えられる。第二次世界大戦中の女性表象を考える前に、創刊から開戦までの傾向を見てみたいと思う。女優は女性を扱った表紙の中でも大きな割合を占め、固有名詞が明記される。バレエ、スケーターを含む舞踏の分野も比較的、固有名詞の表記が多い。一方、男性の場合、固有名詞は、俳優だけでなく、政治家、軍人、スポーツ選手に表示されている。無名で現れる男性は、多くの場合、職業上の制服を身につけているため、その社会的地位などが服装から推察できる。女性・男性がどの分野で「プロ」として活躍していたのか、ジェンダーによる明確な職業区分が窺われる。

創刊号は二人のカウガールがポーズを取りながら空中に飛んでいる瞬間をとらえたものである。この表紙については、ハルトンとローラントとホプキンスら編集サイドでは意見の相違があったようだ。ナチス・ドイツの脅威が高まる中、前者は戦艦の写真を表紙に採

写真 2-2-1　1938 年 10 月 1 日創刊号　編集部は戦艦ではなく、ガールで読者にアピールした。

用したいと考えていたが、後者は、読者を引きつけるためにも「ガール」を持ってくるべきだと主張した（Weightman 8）。その後に続く表紙の女性の多くもやはり「ガール」とキャプションに示される若い女性たちである。芸能人の場合、男性は年配のベテラン舞台俳優やエンターテイナーが主であるが、女性は若いスターやダンサーたちで、彼女たちのデビューを記事で取り上げることも多い。若く美しいカバーガールたちは創刊当初から、この雑誌の一つの特徴となった。

『ピクチャー・ポスト』が扱うトピックは幅広く、時事問題だけでなく、娯楽、ファッションにも毎回三〜四ページが割かれている。女性が登場する表紙で多い分野の一つがファッションである。ファッションとともに季節感を伝えるものとして四季折々の風景の中のガールたちが登場する。「女性」と「自然」に親和性を見出すのは、ロマン主義的な見方に由来するものかもしれない。自然を女性として表象する傾向はそれ以前の文学や芸術にも見られるが、『ピクチャー・ポスト』掲載の若い女性たちにも、こうした傾向が見られる。

写真 2-2-2　1941 年 4 月 26 日
バレエエクササイズのガールたち。戦況のニュースとガールの脚線美と笑顔が対照的。

また特徴的なのは、脚線美の露出である。『ピクチャー・ポスト』は、長くタブー視されていた女性の脚の露出に注目し、ふんだんに提供している。ダンス、ファッション、スポーツの分野で脚線美を大胆に見せている写真が目に付く。女性の「笑顔」をクローズアップしている表紙も目立つ。表情については、政治家や軍人の男性は執務中の場合が多いため、表情は比較的真面目、深刻なものが多く見られる。

更に詳しくカバーガールたちを見る前に、イギリスにとっての第二次世界大戦を概観しておこう。一九三九年九月一日のドイツによるポーランド侵攻を受けて、九月三日に対独宣戦を布告する。前線は複数にわたり、東西ヨーロッパ、北大西洋、地中海、北アフリカ、そして日本がアメリカに宣戦布告した後は太平洋上へと拡大していった。一九四〇年四月までは懸念されていた爆撃も無く、「退屈な戦争」(Bore War)、「まやかしの戦争」(Phoney War) と呼ばれていた。ドイツの電撃戦がヨーロッパ大陸を席巻すると、アメリカとソ連の参戦まではイギリスはバトル・オブ・ブリテンで苦闘する。ソ連、そして日本の真珠湾攻撃を受けてアメリカが参戦。一九四四年六月のノルマンディー上陸を経て、一九四五年に五月七日にフランスで、そして八日にドイツで、ドイツ軍は正式に敗北を認める。ヨーロッパ戦線の終わり、VE Day (Victory in Europe Day) である。しかし太平洋上では戦闘は継続していたため、「忘れられた」イギリス兵たちがいた。そして一九九五年八月一五日(アメリカでは一四日)に日本は敗戦を認め (VJ Day: Victory over Japan Day)、九月に正式に宣言される。『ピクチャー・ポスト』はこの二つの終戦を前者は明るい開放感をもって、後者はヒロシマ・ナガサキに投下された原爆を受けて、原子力がもたらす不安をもって伝えている。

2. 名前のある女性たち

戦時中に出版されたものについては、「普通の人々」については、被写体、撮影者とも記載されていないものが多い。女性の固有名詞の記載があるものは主に女優・芸能人である。また、女性の表紙で一番多数を占めていたものもやはり芸能人であり、戦時下でも華やかな衣装をまとい、笑顔で明るい雰囲気を伝えている。イギリス人女優は、映画だけではなく、舞台やパントマイムも扱われる。ダンサーなど、エンターテインメントの分野で活躍する女性たちの写真は戦時下でも大きな割合を占め、季節ごとの娯楽の到来を伝える記事が同時に掲載される。こうした女性たちの主な活躍の場はイギリス本国、そしてアメリカである。ダンサーに関して言えば脚線美の露出も戦前に引き続き見られる特徴である。

芸能の分野で戦時を感じさせるものとしては、スペイン内戦を題材にした『誰がために鐘は鳴る』（映画一九四三）のイングリッド・バーグマン、そして「US」というバッジのついた制服を着て、アフリカ戦線を慰問するマレーネ・ディートリッヒが挙げられる。戦時中、芸能人については女性に比べて男性の掲載は激減する。多くの男性が前線に送られる状況に配慮してのことであろう。年齢については、女性は軒並み若いのに比べ、男性の多くはベテラン舞台俳優である。比較的若い男性の場合は映画の撮影現場などで、女優と一緒にいるところが取り上げられている。

写真 2-2-3　1944 年 6 月 10 日号
アフリカ戦線、アルジェを慰問するマレーネ・ディートリッヒ

若い男性は「兵士」として表紙に登場するように

写真 2-2-4　オリヴィエは艦隊航空隊（Fleet Air Arm）入隊を控えている。

なる。ローレンス・オリヴィエとヴィヴィアン・リーというイギリスの大スターカップルのプライベートのひと時を写した写真には、夫であるオリヴィエが入隊間近であることが示されている。戦時中、若い男性芸能人はほとんど登場しなくなる中で、オリヴィエの登場は例外的なものだが、映画という虚構の世界の存在ではなく、現実の戦場へ向かう一男性として登場する。

　固有名詞の表示のある男性は、政治、軍事、そしてわずかであるが宗教の分野で見られる。時の首相、ウィンストン・チャーチルは表紙に四回（内三回は単独）登場する。トップハットを被り、そして時には葉巻をくわえた彼の姿、そしてラジオで国民に呼びかけた彼は第二次世界大戦時のイギリスを象徴する人物の一人である。軍部の司令官については、戦況を踏まえて、随時活躍を見せた男性たちが表紙に現れた。すでに多くの物資を北大西洋経由のアメリカからの輸入に頼っていたが、連合国としてアメリカがともに戦うことが心待ちにされていた。ルーズベルト大統領の笑顔の写真には「民主主義」という共通の旗印が強調されたキャプションがつけられている（一九四一年六月一四日号）。ヨーロッパ戦線を戦い抜くためにはソヴィエトとの連携が重要であったが、一九四五年二月四日のヤルタ会談を受け、一九一九年の若きスターリンの写真が表紙に登場している（一九四五年二月一七日号）。男性では、政局、戦況の局面におけるキーパーソンが表紙に採用される一方、女優、芸能人以外で、固有名詞が明記されている女

写真 2-2-5　1940 年 5 月 18 日号
ファッションは続くよ……この夏の新しい水着とサンハット

写真 2-2-6　1940 年 7 月 13 日号
「我々は何を守るために戦っているのか」左：イギリスの少年、右：ドイツの少年

性はエリザベス王妃、また著名な政治家・軍人などの母、妻、娘たちである。(4)

3.「民主主義」のチアガールたち

女性芸能人に次いで多く見られるのは、ファッションや季節感を喚起するガールたちである。中には厳しくなりつつある戦況を忘れさせるような水着姿さえ現れる。明るく生き生きとした若い女性たちの表情や肢体は、『ピクチャー・ポスト』がアピールする「写真」というメディアで捉えたいオブジェクトだったのであろう。単に「目の保養」だけではなく第二次世界大戦下のイギリスでは、ガールたちはイギリスの「大義」を象徴する役割も果たしていたのではないだろうか。

前述したように『ピクチャー・ポスト』は当初より、民主主義を推し進め、全体主義に強く反対するという姿勢を示してきた。こうした編集方針の下、

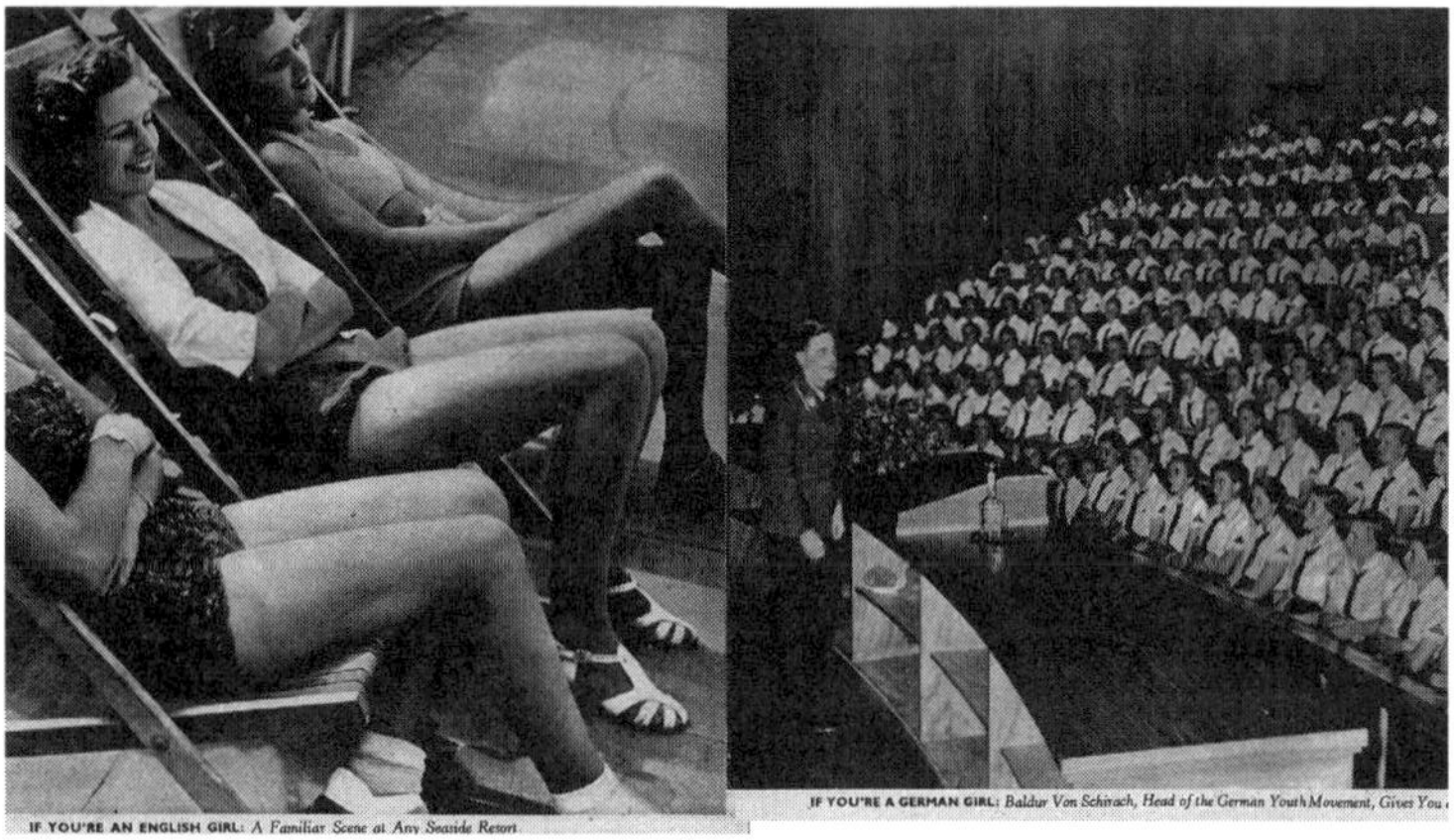

写真 2-2-7　1940 年 7 月 13 日号
左　「もしあなたがイギリスのガールだったら」海岸でよくある一コマ
右　「もしあなたがドイツのガールだったら」
ヒトラーユーゲント指導者のありがたい講話を整然として聞くドイツの若い女性たち

一見、退廃的にさえ思われるファッショナブルな若い女性たちは、イギリスと敵国ドイツとの差異化に一役買っていたと考えられる。一九四〇年七月一三日号では、「我々は何を守るために戦っているのか」(What We Are Fighting For)という三〇ページ(四七ページ中)にわたる特集が組まれる。表紙には、向かって左はイギリスで生活を送る健康で明るい少年が戸外で笑っている。そして右にはナチスの腕章をつけた鋭い目つきのドイツの少年を並置し、あからさまな対比が成されている。「民主主義」対「全体主義」の戦いがこの号では、政治の形態、政治家たちの表情、国民たちの休日の風景、自然や建築物のあり方、家庭、娯楽、子どもたちの様子など様々な分野で比較対照され、「民主主義」とイギリスの優越が強調される。

そして「もしあなたがイギリス人女性だったら」という見開きのページでは、ナチスの講演に一糸乱れず聞き入る若いドイツ女性たちと、水着を着て浜

写真 2-2-8　1941 年 7 月 5 日号
サンハットのガール。配給クーポンで楽しむおしゃれ

写真 2-2-9　1944 年 8 月 19 日号
戦時色を落とした海岸

辺でくつろぐイギリスのガールたちが対比されている。野外での「ホリデー」の感覚、戦時中にまぶしすぎるほどの若い女性たちの笑顔とファッションは戦時下では不謹慎に思われるかもしれない。しかしそれは「自由」を象徴し、ナチス・ドイツとの差異化をはかり、ある種の「イギリスらしさ」として扱われ、戦場の男たちが命をかけて守るべきものの象徴となった。

　戦争が「ファッション」に落とした一抹の「影」は、一見、若い女性が初夏の日差しの中、笑顔を浮かべくつろいでいるように見える表紙写真に見られる。キャプションには配給クーポンという言葉が含まれていることから、ファッションと戦時中のやりくりが仄めかされるが（一九四一年七月五日号）、最新のファッションや季節感を伝える表紙は大戦中を通して一定の量が保たれていた。ようやく戦争終結のきざしが見えてきた一九四四年八月一九日号の表紙を見てみよう。砂浜で、水着姿でたたずむ女性の

写真 2-2-10　1942 年 3 月 14 日号
春のおとずれ

前に張り巡らされた十字鉄線。戦時中、敵の侵入を恐れて閉鎖されていた海岸がようやく市民たちに開放されたことを告げる。「自由」の女神がようやく解放されつつあることを報せる一枚である。

女性の「家庭」での役割、「母性」がかつては強調されていたこと、また戦時下の女性の大きな「貢献」の一つに次世代の「兵士」を生み育てることがあることを考えると、戦時中の『ピクチャー・ポスト』の表紙に見られる母子像の割合は極端に少ない。若い女性と幼い子どもを写した写真は、やはり季節感、特に命が芽吹く春のイメージを伴っている一方、年配のイギリス人女性と子どもを写したものは、ブリッツの恐怖と苦悩を表している。キャプションにはこの女性を「養母」と記しているため、再生産という母親のイメージは薄い（一九四〇年九月二八日号）。また、国を挙げて大体的に子どもたちを疎開（Evacuation）させていたことも母子像の点数に影響を与えていたのかもしれない。その他には、連合国軍の勝利と結び付けられているものもある（一九四五年五月一九日号）。

外国人の母子像はまた違った解釈を喚起する。ヨーロッパ戦線が一応の終結を見せた後には大量の難民たちが残され、そこで、救済に当たったのが、後の国際連合の前身である国連救済復興機関（UNRRA）である。カップ一杯のミルクを与えられ安堵する母子の姿から、「良き保護者」としての連合国の役割が浮かび上がってくる（一九四五年九月一五日号）。

　ナチス・ドイツが女性の重要な役割として、「母性」を強調していたことを考えると、『ピクチャー・ポスト』におけるガールたちはカウンターとなる価値観を提示している。ヨーロッパ戦線終結後に表紙に現れたドイツの母子像は非常にアイロニカルな形で使われている。真っ直ぐ正面を見つめる母親と彼女にしがみついている男の子、子どもは少し怯えているようにも見えるが、ことさら不快感をもよおさせる写真ではない。この写真は同号の「ホロコースト」を暴露する記事の最初に添えられる。「慈愛」を喚起させる「母子像」であるが、穏やかな母親の微笑の背後に隠されていた残酷な所業――食物を与えられず強制労働についていた捕虜たち、殺された子どもたち――が暴かれている。記事の内容とは直接つながりのないドイツの母子像をこのような形で取り上げることによって、ナチス・ドイツの提唱していた「母性」のありようを批判的に問うているようだ。

写真 2-2-11　1945 年 5 月 5 日号
多くを隠す二つの顔――ドイツの母と子

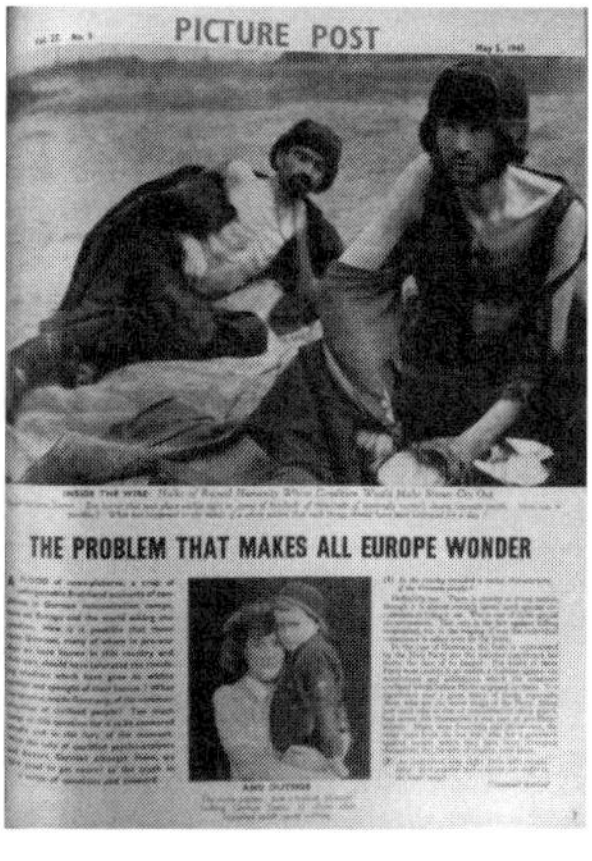

写真 2-2-12　同号　ヨーロッパを震撼させた問題

写真 2-2-13　1939 年 11 月 11 日号 「ヒットラーを吹っ飛ばす」(One More Blow for Hitler!) ボールを膨らますバークシャー陸軍慰問機関の ATS

写真 2-2-14　1940 年 10 月 12 日号　ロンドンは動き続ける——勤務中の新しい車掌ガール

4. 制服のカバーガール

制服ガールたちは一躍カバーガールとして注目を浴びるようになる。動員のカバーガールたちもやはり他のガール同様、笑顔が強調されている。主に陸軍の援護活動を行ったATS、農場に住み込みで働き、食糧供給に貢献したランド・ガールは比較的多く表紙に登場している。軍の援護として、一部の女性は前線でも活動していたが、イギリス人女性に関しては、全て国内での活動のみを伝えている。また特徴的なのは、戦時労働に就く女性たちであっても、そこでレンズを向けられているのは彼女たちの笑顔、若々しさ、そして「女らしさ」である。

動員された女性が男性とともにいる写真はほとんど表紙に現れない。写真2−2−16では、女性が真剣に銃の扱い方を男性から習っている。実際

写真 2-2-15　1941 年 6 月 21 日号
トラクターに乗ったランドガール

写真 2-2-16　1942 年 2 月 14 日号
女性も戦争に備える

写真 2-2-17　1943 年 11 月 20 日号　ユーゴスラヴィアのパルチザン

に殺傷能力のある武器の扱いは極めて限られていたとはいえ、美しく若い女性が銃を手にする図は、戦闘美少女のような凛々しさを示したかもしれない。しかし年上の経験ある男性から未経験の若い女性が学ぶという配置は、そのまま既存の男女の上下関係を示唆している。女性兵士を扱った表紙は三点あるが、それらは全てユーゴスラヴィアのパルチザンの女性たちである。モデルの様な風情のイギリスのガールたちとは差異が見られる。

写真2-2-18　1939年10月21日号　新曲「走れ、アドルフ！ラン、ラン、ラン！」

写真2-2-19　1944年5月20日号　彼らは川を渡った。

戦時中、『ピクチャー・ポスト』が表紙で取り上げた「普通の人々」が、女性ではガールたちであったのなら、男性の場合は、圧倒的に「兵士」であった。無名の兵士たちは、任務中の真剣な顔か、戦況によっては余裕の笑顔で表紙に現れる。また二人か三人といった複数の男性が一枚の写真に載っていることが多く、戦場での「男同士の絆」(male bond)を印象づけている。[5] 制服ガールたちは単独のカバーガールで、レンズはその働きよりも美しい笑顔にフォーカスするのに対し、男性たちは、協力し、戦うものとして表象されている。

「大英帝国」や連合国の連帯は表紙にも反映されていた。男性では各国の政治家や志願兵たちの姿が、また女性も戦時労働を志願したアメリカ、カナダ、西インド諸島、ニュージーランドの女性が表紙に現れている。いずれも男性の場合は、イギリスとの連帯、男性同士の連帯を喚起するよう複数の人物が一緒に撮影されるのに比べ、動員された帝国のガール

写真2-2-20　1943年12月4日号　西インド諸島からやってきたATSガール

写真2-2-21　1945年7月28日号「リスナーの皆さん、さようなら」BBCラジオで務めたカナダ人アナウンサー

たちは、イギリス人女性と同様、制服を身につけ笑顔で任務につく姿が単独でレンズにとらえられている。女性を扱った表紙における同性間の「連帯」の不在は、前線の男性兵士たちとの明らかな差異を見せている。

若さと美しさを誇る女性芸能人だけでなく、多くの制服ガールたちも『ピクチャー・ポスト』の表紙を飾った。シンシア・エンローは一九四〇年代の戦時総動員期にイギリスの映画製作者や雑誌出版社の男性たちが、動員された女性の装いに大いに注目していたことを指摘しているが（エンロー175）、『ピクチャー・ポスト』に関しても表紙については、制服ガールたちの任務よりも、美しさや笑顔が重視されていたと言えるだろう。「普通」のガールたちと並び、制服のカバーガールもイギリス、そして連合国のチアガールとしての一面を担っていたと言える。

5．「まやかしの戦争」の制服ガール

『ピクチャー・ポスト』のカバーガールたちについて見てきたが、そこに見られた傾向は、記事でも同じことが言えるのか。制服ガールたちを扱った記事を見てみよう。

第二次世界大戦勃発当時のいわゆる「まやかしの戦争」においては、動員の女性たちの任務は笑いを誘うコミカルなものとして、扱われている。

一九三九年一〇月七日号掲載の「ホーム・フロントにて」では、ATSが訓練中の軍隊に食事を提供するための調理の訓練を受けている。第二次世界大戦期を通して、カバーガールのほとんどはさわやかな笑顔であるが、戦争初期の記事も、やはりカメラは彼女たちの笑顔をピックアップしている。一九三九年一〇月一四日号の「笑い」という記事で大笑いしているのは空軍女性補助部隊（WAAF）である。あたかも男性にエスコートされて劇場にやってきた女性たちのように、軍の慰問のステージにRAF隊員に付き添われて出席した、とある。

次の「笑い」は「トラブルに遭ったトラック」。泥にタイヤをとられたトラックを救出した後の訓練中のATSたちの頼もしい笑顔。その他に、これから海軍の任務に就く恋人との別れを惜しむ若い女性の姿も掲載されている。恋人と別れた直後、翌日には笑顔で、店員の仕事を辞め、ランド・ガールとして食料供給に貢献する決意を固めた、と説明がある。嬉々として動員に応じるガールの笑顔は、戦時のコミック・リリーフとして機能し、国民の不安を和らげ、更なる女性たちのリクルートを促す効果が

あったであろう。

ガールと大きな機械が生み出すコントラストもまた、微笑ましいものとして表されている。写真2-2-24では、巨大なタイヤと格闘している女性のけなげな姿が示されている。彼女は、特殊車両運送訓練部隊（Mechanised Transport Training Corps 以下MTC）に所属するMTガールである。一九三九年に通産省管轄のもと創設されたボランティア団体で、当初は家庭があり、フルタイムで働くのが難しい女性がパートタイムで運転の業務に就いていたが、連合軍の後方支援も担うようになる。一九四一年一二月の

写真 2-2-22　1939 年 10 月 14 日号
WAAF 予備軍の女性たち。大いに笑うがいいよ。

写真 2-2-23　1939 年 10 月 14 日号
ぬかるみから脱出したガールたち

写真 2-2-24　1938 年 10 月 28 日号　ロンドンの MT ガールが挑む困難な任務

国家総動員法の成立に伴い、正式に活動を認められ、賃金も出るようになった。この頃には、一六歳〜一八歳を対象にした任務に入る前の訓練を行う少女訓練部隊（Girl's Training Corps）も活動を開始していた。いわゆるバトル・オブ・ブリテン、またブリッツ下にも大いに活躍し、表彰されたものもいる。MTガールたちの任務は、「平時であれば、夢にもやろうと思わなかった」と説明され、機械とは無縁に見える若い女性と大きな乗り物や重機の並置は、コミカルなコントラストを作っている。

6.「男性並」の勤務に取り組む制服ガールたち

ドイツ軍の電撃戦はヨーロッパの勢力図を塗り替え、一九四〇年六月にはイギリス本国への空襲（ブリッツ）が始まる。戦闘を遠く眺めていた時期と異なり、制服ガールに注がれる眼差しも真剣なものに変わる。一九四〇年二月一七日号、「ブリテンの女性軍隊」（"Women's Army for Britain"）ではATSの成り立ちとその活動、そしてMTCを大きく取り上げている。ここで求められる資質として、応急処置

写真 2-2-25　1940 年 2 月 17 日号　機敏さ ―― 鏡を一目見る ATS（左下）

などの「知識」、規律、機敏さ、そして十分な準備（knowledge, discipline, smartness, preparedness）が挙げられている。整然と活動する様子を伝える一方、写真2－2－25に見られるように、任務の前に鏡をちらりと見て、身だしなみをチェックする姿を一緒に掲載する点は、動員された女性たちに「女らしさ」を添える方法として特徴的である。

　空襲の中、消防士たちの活躍が市民を勇気付けたが、彼らを影で支えたのが、消防補助部隊（AFS）の女性たちであった。一九四一年二月八日号、「偉大な任務への出発の前に」には、男性職員とともに整然と任務を遂行する女性たちの姿が見られる。ロンドンの六〇の地区を管理する管制室で、火災の知らせが届くとAFSは速やかに消防士に連絡し、出動までのプロセスが整然と進められる。表紙には現れないが記事では女性と男性が協働する姿や女性の執務中の真剣な表情が掲載される。

男性中心的な職場に女性が進出することによって、受け入れる男性の組織にも戸惑いが見られる。空軍には軍隊内部の治安を保つために警察部門が設けられていたが、女性を取り締まることに男性警官は当惑していた。そこで一九四二年に女性の問題を担当する女性警官が採用された。ＷＡＡＦから選ばれた女性警官は、軍法会議の雰囲気に慣れてもらうため、裁判のロール・プレイなどの訓練を受ける（"The RAF Choose Some Girls to be Police Women" 一九四二年一月一〇日号）。実際にどのような問題が起きていたのかについて詳細は語られない。ただ「ＷＡＡＦには、入らない方が良いクラブやレストランがある。そして訪れるべき家庭や、また与えられるべき助言がある」と述べられている。この女性用警察支部は犯罪を扱うというよりも、女性隊員の風紀の維持と犯罪抑止が主な任務だったらしい（Wadge 181）。また、空軍法の一部は、ＷＡＡＦや辞令を受けていない士官（Non Commissioned Officer: NCO）に適用できないため、これらの人員間のトラブルに対処するためにこの組織は立ち上げられた。

一方、大戦下には、一般の女性警察官も社会でようやく認知され、増員が求められていた。一九四四年一〇月七日号の「もっと多くの女性警察官が必要か」（"Do We Need More Policewomen?"）という記事は、女性導入の歩みと、新採用の女性がやはり裁判のロール・プレイ、また暴力的な犯人への対処の訓練に真剣に取り組んでいる様子を伝えている。一九一四年に、ロンドン警視庁の要請で女性国民評議会（National Council of Women）は、女性ボランティアによるパトロールを開始した。最初はバッジのみで制服はなかった。また逮捕の権限はなく、主に繁華街のパトロールと女性に対する忠告が主な任務であった。こうした状況は一九二九年まで続く。その後、内務省はこれを再編制し、逮捕権を授与した。女性巡査の基本給は週に五六シリング、年間八〇シリングの昇給がある。別途、制服と住居手当、戦時手当一八シリング（巡査部長は九〇～一〇〇シリング、警部は一〇四～一四五シリング）が支給される。当時、警察女性補助部隊（Women's Auxiliary Police Corps）には一千人の女性警官がいた。一九四四年にはすでに彼女たちの存在が社会で受け入れられつつあった一方、依然として採用に反対する多くの警察署長がいた。しかし内務省は更なる女性のリクルートを促した。

戦争の継続により、「男の仕事」と思われていた作業は次々と女性に託すことを余儀無くされていた。一九四二年六月一三日号掲載記事には「この仕事はかつて、女性には不可能だと考えられていた。しかし今や彼女たちはこの仕事のエキスパートである。そして日々、男性たちを他の任務へと送り出している」とある。ここで「バルーン」と示されているのは、低空からの敵機の空襲を防ぐために上げられる阻塞気球（barrage balloon）のことである。これらの補修作業はＷＡＡＦの女性たちに任されていたが、それ以上の任務を女性たちに担わせるとは考えられていなかった。しかし一九四一年一月中旬、空軍司令部は、ＷＡＡＦに阻塞気球の操作を任せることを考え始めた。この作業には、どんな天候であれ二四時間人員を割り当てる必要があり、また気球を操る肉体的な力を要することから、空軍司令部は、ＷＡＡＦの肉体的能力・適性をどのように評価するか、女性用の住居、食事、制服をどのように確保するか、そして殺傷能力のある武器の携帯をどう規

写真2-2-26　1942年6月13日号　ガールたちが対空襲の阻塞気球を引き受ける。

定するか、あらゆる面から検討した。
この女性には「不可能」と考えられていた作業のトレーニングに当たり、以下のような指導方法・準備が取られた。

女性には、模型を使って指導すると理解が早いことがわかった。ミニチュア模型は特に女性たちの記憶力に訴えるものがある。それから、もちろんであるが、魅力的な環境に置くことによって、女

写真 2-2-27　1942 年 6 月 13 日号　最初のレッスン。阻塞気球の操作を学ぶ WAAF

写真 2-2-28　1942 年 6 月 13 日号　整然とした阻塞気球保管庫。訓練も終盤の WAAF たち

性たちは最も能力を発揮できる。操作について学ぶ部屋は緑色に塗られた。また宿舎の外でガーデニングを楽しめるよう、用具も揃えられた。バルーン・ガールたちが重労働と孤独の伴うこの生活を楽しめるように、できる限りの配慮がなされた。(『ピクチャー・ポスト』一九四二年六月一三日号)

WAAFの知性に関する認識、家族を離れて任務に就くことへの配慮、そして殺風景なかまぼこ兵舎(Nissen hut)に草花を植えることが、どれだけ女性たちの心を慰めたかは定かではないが、多くのバルーン操作員が現場に配置されることになった。操作員たちは、前述したようにバルーン補修経験者から、特に「敏捷で、行動的、健康、快活、応用が利く、戸外の仕事を好む」女性たちから志願者を募った。RAFの男性操作員が自分たちのバルーンに女性の名前をつけていたことを真似て、女性操作員の中にも「ロミオ」などと名前をつけるものもあったらしい(Harris 72–74)。

その他にも一九四〇年の終わりには、敵機の状況を座標に示す作業(plotting)においてWAAFは信頼を得るようになっていたため、そこから選ばれたものが再結成された王立監視部隊(Royal Observer Corps 以下ROC)に入隊した。元々この部隊は、空軍の前線に配置するには高齢すぎる男性たちの職場であったが、ヨーロッパ全土の空襲と戦闘機の増加に伴い、おびただしい数の味方と敵の戦闘機を把握するため、抜本的な改革が必要とされていた。ROCとRAFをより効果的に連携させるため、任務の内容が徹底的に精査された。これまで自主的に余暇のいくらかを国に捧げてきた五五歳を越す男性は強制的に引退させられ、その代わりに初めて女性の入隊が受け入れられた。男性たちの引退を伴う女性の入隊は周囲の反感を買い、リクルートに影響が出たこともあったらしい。しかしながら女性たちは、精神をすり減らすような状況にあっても沈着冷静に任務を遂行したため、やがて信頼を得ることになった（Harris 68–69）。

一九四三年一一月六日号掲載「ブリテンがやっかいな空襲を受けている時に」（“When Britain Has a Nuisance Raid”）という記事には、ROCの女性たちの真剣な表情が表れる。この部隊は、他の補助部隊と異なり、表立った訓練を行ったり、市民の目の前で活動したりすることはない。しかし、空襲時に味方と敵の戦闘機の位置を確認し、味方に作戦を伝えるという秘密の作業を行っている。女性のROC動員については、空襲という危機的な状況でヒステリーに陥るのではないかと懸念されていた（Harris 65）。しかし、彼女たちはその働きによって、こうした懸念は的外れであることを証明して見せた。また、『ピクチャー・ポスト』でも沈着冷静に任務を遂行する女性たちが讃えられている。

後の手記や聞き取りによると、無線で上空の戦闘機のやり取りを耳にすることも少なくなかったこの職場においては、耐え難い思いをすることもしばしばであったようだ。あるWAAFは、海峡を渡る独機パイロットの生々しい声と、そしてその機を撃墜するRAFの戦闘機、スピットファイアの爆音を覚えている。

> 彼［独軍パイロット］は飛行機から脱出できず、何度も何度も母を呼び、そして総統を呪っていました。私は知らず知らずのうちに、「神様、どうか彼を脱出させて」と祈っていたのです。その祈りも空しく、彼は無線が届かない場所へと落ちていきました。私は気分が悪くなり、席を外しました。（Harris 66）

もちろん、味方に関しても同様のことが起りうる。気づかれないように背後に近づく敵機の無線を傍受し、「おお神様、どうか、どうか上にいる敵に気付いて……」という同僚の悲痛なつぶやきを耳にすることも少なくなかった。しかし、戦時の報道では、こうした悲痛な心情を伝えられることはほとんどなかった。むしろ、男性に代わって、新しい現場に就く女性たちの目を見張る活躍が伝えられ、スムーズなリクルートと戦争遂行のためにも、女性隊員に対する信頼感を読者から勝ち取るためにページは割かれている。

WAAFは様々な業務に就いたが、飛行機の操縦はなかった。女性パイロットが活躍できたのが、航空運輸補助部隊（ATA）である。工場から空軍基地まで、年間一万台ほどの飛行機を運ぶ。六六六人のパイロットの内、一五〇〇人は女性であった。一九四四年九月一六日号掲載「ATAストーリー」には、その任務とある一日について紹介されている。

写真 2-2-29　1944 年 9 月 16 日号　ATA ストーリー

この号のカバーガールは、ATAの若き女性パイロット、モーリーン・ダンロップ。彼女がヘルメットを取り、髪をかき上げて微笑んだ瞬間をカメラが捉えている。「男の仕事」であった飛行機の操縦と若い女性、その組み合わせの意外性に驚くカメラマンの視線が表れている。[6] 一方、記事では、男女の隊員が協働したり、リラックスした表情で休憩時に同僚同士でカードゲームを楽しんだり、またお互いに自分が担当した戦闘機について情報交換したりする様子が掲載されている。

多くの場合、隊員の指導に当たるのは男性である。男性指導者の指示に熱心に聞き入る女性の写真は、ほとんどの女性部隊の紹介に挿入されている。その中で、一九四三年一月二三日号「午後の縫い物——ATSが兵士にレッスン」では、男性に指導する女性の姿が表れる。新しく入隊した兵士たちがストーブの周りに集まり、ATSから靴下の繕い方を習っている。そのレッスンは、新しい「節約対策」の一環であり、また「良き夫になるための修行」と記されている。ここでは、筋骨逞しい指先が小さな縫い物を不器用に操る様子がコミカルに描かれる。しまいには作業を投げ出し、ATSに任せてしまう者もいる。大きな機械と女性たちの間に生まれるコントラストについて前述したが、その逆のパターンが裁縫をする男性たちの姿に表されている。戦争という緊迫した状況の中に生まれた擬似家庭的な雰囲気を伝える記事でもある。

写真2-2-30　1943年1月23日号　ATSが兵士に縫い物のレッスン

拡大する前線、また連合国軍における他国との協働、この状況を最も直接的に経験したのがATSであろう。陸軍の進むところならどこでも、彼女たちの後方支援が求められた。そして前線を進むにつれて、避難民として保護されたものたちが入隊し、多様な国籍・民族を抱える軍隊となった。一九四四年八月五日号「砂漠のガールはイタリアへ向かう」（"Desert Girls Move on to Italy"）では、こうした

ATSの状況を伝えている。

イタリア戦線を進む第八陸軍の後に続くのは、パレスチナ人と中東の避難民たちから成るATSのドライバーたちである……エキゾチックな名前がついているアラブの町や風物、それらを訳してみるならば、「薔薇の街」や「ガゼルの谷」と言う。ここは最早、第八陸軍に馴染みの土地ではない。イタリアの町は丘の上に築かれ、それぞれが聖人の名を冠している。イタリアの土埃にまみれ、連合国軍は進む。そこには、二千年前パレスチナの地からヨーロッパへキリスト教をもたらした男たちと女たちの中にあった何かと共通するものがある。……ローマから、カギ十字を追い払った陸軍についてきたのは、パレスチナとキプロス島からやってきたATSの志願兵である。――ユダヤ人、アラブ人、そしてフランス人、その他様々な国々からの避難民の姿が見られる。護衛団とともに彼女たちは進んでいく。

中東に対するヨーロッパ側のオリエンタリズム、そして征服者としての自分たちの優位性を感じさせる一節である。朝五時にエジンバラ出身の士官が、各地からの避難民で構成された部下たちに対し、ブリーフィングを行っている。そこには、英語、ヘブライ語、フランス語、チェコ語が飛び交う。隊員は皆、劣悪な住居環境を気にもとめない。行く先々で入隊してくる避難民たちは、ナチスの恐怖から各地を解放するために戦うイギリスの制服を着ることに誇りを持っている。解放をもたらす連合国軍、彼らに対する避難民たちの恩義、一緒に戦う誇り、そして打倒ナチスという共通の目的の確認、これらを記事は

写真2-2-31　1944年8月5日号　出発前に髪型を直す。パレスチナ出身の軍曹はイギリス軍の制服を誇りにしている。彼女は避難民だが今は追跡されるのではなく、敵を追跡中だ。しかし、砂漠でさえ身だしなみは大事だ。兵卒に自分の鏡を使わせている。

伝えている。一方、男性たちとともに厳しい環境の中を進軍するATSについては、やはり「女らしさ」を示すものとして、休憩時間にお互いに鏡を見せあい身づくろいする様子が伝えられている。

7.「志願前」の制服ガール

女性が「市民」として国家に貢献できることを示した二つの世界大戦では、少女たちにも「市民」としての将来のヴィジョンを描き、行動することが求められた。制服ガールの妹たちの活動を見てみよう。

女性ジュニア航空部隊（Women's Junior Air Corps、以下WJAC）は、一九三九年に設立された、メンバーはWAAFにリクルートされることからも、WAAFの事前訓練機関と考えられる。当時、一四歳から二〇歳の女子一二〇名くらいから成る四五〇もの各団は、余暇を使って、ボランティア活動、また週四時間の訓練中に社会奉仕、体育、応急手当などを行っていた。WJACの大会の様子を記録した一九四三年七月一七日号掲載「ガールズ・ラリー」には、この団体の趣旨として、彼女たちの訓練は目先の戦争の勝利に貢献するためだけでなく、「市民」としての訓練であることが強調されている。

よく晴れたマンチェスター、ベル・ビューに一五〇〇人の少女たちが集まった。空軍准将が挨拶に立ち、志望するものは喜んでWAAFに迎え入れると伝える。そしてRAFの牧師の説教が続く。晴れた空の下、スポーツ競技に参加し、賑やかに自分たちのチームの応援をする少女たちが、自分たちに期待される役割をどれくらい意識しているかはわからない。しかし、ここで育まれる団結と忠誠心、スポーツによって培われる体力や規律、これらが戦時にも活用され得ることは明らかである。一方、彼女たちの快活さや無邪気さ、また例え少女であろうとも身づくろいをする彼女たちの姿を伝えることによって、「女らしさ」を付与することに怠りはない。

戦争が進むにつれ、多くの外国人がヨーロッパ大陸から難を逃れてやってきた。難民問題を自分たちが解決すべき問題として捉えていたのがガイダー（Guider）たちである。イギリスでは、第一次世界大戦前から、ボーイスカウト運動とともに、その少女版と言えるガールガイド運動が発展したことは先述の通りだが、ガイダーたちは、その運動の中でも年上の指導者的立場である。一九四四年一〇月一四日号「ガイダーたちは、ヨーロッパの飢えと病気と戦う準備をしている」では、彼女たちのヨーロッパ救援活動の準備について触れられている。ガイダーの年齢の幅は広く二〇代後半から四〇代くらいまでで、ガールガイド国際組織（Guide International Service　以下ＧＩＳ）と連携し、週末などの余暇に活動を行う。このＧＩＳの「ヨーロッパを救え」運動は、イギリス人ガイドが占領されたヨーロッパから逃れてきた少女と大会で出会ったことから始まり、五〇万人のイギリス人ガイドの支持を得た。休戦

写真 2-2-32　1943 年 7 月 17 日
女性ジュニア航空部隊のガール

条約が結ばれた暁には、ヨーロッパにおいて、衣食住、医療に関わる援助を速やかに開始するため、目標額一〇万ポンドの募金に取り組み、この時点ですでに三万ポンド集めている。そして四〇〇人のガイダーたちはすでに海外での活動を進めている。この国際的なボランティアは、幅広い年齢の、そして教師、看護婦、医師、軍需工場労働者、ランド・ガールなど様々な経験を持つ女性たちから成る。質素な暮らしに耐え、建築作業、調理、様々な修理、保育、保健・医療に携われるような能力・適応力が求められる。現地のボランティア組織を管理すると同時に、現地の有力者の協力を得るために交流を行う外交官でもある。難民と現地の有力者と連携して活動する。こうした女性の姿は、「市民」として生きることを求められる女性たちの、ロール・モデルとして伝えられたであろう。

第二次世界大戦時の『ピクチャー・ポスト』の制服ガールたちの表象について検討してきた。制服のカバーガールは、任務中（in-service）か、訓練やボランティアなどの志願前（pre-service）かに関わらず、全般的にアップの写真が多く、彼女たちの具体的な活動よりも、明るい笑顔、快活さが強調されている。記事でも、戦争初期においては、制服ガールたちの笑顔が強調される。また、慣れない仕事に取り組む女性の姿がコミカルに描かれ、読者の微笑みを誘う被写体となっている。一九四〇年以降、より多くの男性を前線に送るため、より多くの女性の労働力が求められると、制服ガールたちの真剣な執務中の表情が伝えられる。各任務に対して、女性が規律を持って行動し、信頼しうる担い手であることが示される一方、身だしなみを気にする姿などを一緒に配置し、何らかの形で「女らしさ」を添えている。

志願前の少女たちについては、彼女たちが「市民」として教育・訓練されるべきであると述べられている。しかしながら、「市民」の定義は各記事によって揺らぎが見られる。時には母になることであり、また時には具体的な任務を通して国家に奉仕することである。

エンローは社会のあらゆる側面で「軍事化」が進められていることを『策略』の中で分析し、「軍事化」は伝統的に密接に結び付けられてきた男性や「男らしさ」ばかりでなく、女性や「女らしさ」もコントロールしてきたことを明らかにした。エンローはまた第二次世界大戦時のイギリスにおける女性の動員に関して、軍部は、軍事化された男らしさの文化を維持するようなやり方でのみ、兵士として女性を使うため、その政策は「女らしさ」を保つようなやり方で女性たちを利用することを念頭に置いていたと指摘している（エンロー173）。こうした点は『ピクチャー・ポスト』の制服ガールの表象についても同じことが言えるだろう。

注

（1）『ピクチャー・ポスト』に関する基本情報についてはHopkinson、Weightman、そして武藤浩史、他編『愛と戦いのイギリス文化史　1900–1950年』第16章、福西由実子「『ピクチャー・ポスト』の時代」による。

（2）ハルトンは政治的には保守党であったが一九四五年頃までは社会改革を主張し、労働党を支持することもあった。雑誌の方針に関してはスタッフの裁量に任せていた。しかしながら一九五〇年には反労働党の姿勢を明らかにし、ホプキンスンを始めスタッフの一部と衝突するようになった（Weightman 8–9）。

（3）“The First Year” *Picture Post* Vol.5, No.1（October 7, 1939）24–28.

（4）Diana Churchill（Vol.6, No. 7, February 17, 1940）、蔣介石夫人（Vol. 17, No.1, October 3, 1942）、Elizabeth, The Queen Mother（Vol.19, No.13, June 26, 1943）、Lady Montgomery（Vol.21, No.3, October 16, 1943）。

（5）E・K・セジウィックは、同性間の社会的絆（homo-social）を分析し、特に男性の場合は、このつながりによって、同性愛を排除し異性愛者であることを互いに確認しつつ、社会における自分たちの利益を促進する作用があると指摘している。

（6）ヘルメットを外したパイロットが若い女性であったことへの驚きについては、二〇一二年六月一一日『インデペンデント』紙で回顧されている。"Maureen Dunlop: Pilot for the Air Transport Auxiliary who made the cover of *Picture Post*"（http://www.independent.co.uk/news/obituaries/maureen-dunlop-pilot-for-the-air-transport-auxiliary-who-made-the-cover-of-picture-post-7834571.html 二〇一五年七月三〇日取得）

引用文献

エンロー、シンシア、『策略――女性を軍事化する国際政治』上野千鶴子監訳、佐藤文香訳、岩波書店、二〇〇六。

Harris, Carol. *Women at War: In Uniform 1939–1945*. Sutton 2003.

Hopkinson, Tom. Ed. *Picture Post: 1938–50*. Penguin, 1970.

武藤浩史、他編『愛と戦いのイギリス文化史――1900―1950年』慶應義塾大学出版会、二〇〇七。

セジウィック、E・K『男同士の絆――イギリス文学とホモ・ソーシャルな欲望』上原早苗・亀澤美由紀訳、名古屋大学出版会、二〇〇一。

Wadge, D. Collett. Ed. *Women in Uniform*. Imperial War Museum, 2003.

Weightman, Gavin. *Picture Post Britain*. Collins & Brown, 1991.

第3章
女性誌に見る制服ガールの諸相

総力戦となった第二次世界大戦では、新聞、雑誌、ラジオなどのマスメディアの働きが、国民を動員する上で重要な役割を担ったが、女性誌も例外ではなかった。現在に至るまで、女性誌はジェンダーだけでなく、年齢層、そして社会階層に応じた特定の集団にアピールするトピックをとりあげ、それぞれの読者層を形成している。戦時下において、こうした女性読者層の区分は、動員の女性たちの表象の差異に影響を与えただろうか。第二次世界大戦下の女性週刊誌『ウーマン』（*Woman* 一九三七年創刊）と第一部で扱った主に女学生向けの『ガールズ・オウン・ペーパー』の制服のカバーガールを取り上げてみよう。

1. 第二次世界大戦下の女性誌

女性週刊誌『ウーマン』（*Woman: The National Home Weekly*）は一九三七年六月五日創刊、現在も芸能、ゴシップ誌として継続している。一九三八年一九二七年に高速カラー印刷を導入したオダム社（Odham's

Press）は、当時としては画期的なカラー印刷の使用で注目を浴びた。創刊一年で、五〇万部の販売部数を記録し、当時、人気のあった女性誌の一つである。値段は二ペンスで、ページ数は創刊から戦時中に変化を見せている。一九三七〜一九三九年までは六〇ページで、内広告は二〇ページほどである。フルカラー印刷は表裏表紙を含め八ページ、内四ページはカラーの全面広告であった。しかし大戦下では、全体で二〇ページほどに縮小する。『ウーマン』の読者層は、そのタイトルにも現れているように一〇代後半の工場労働者や事務員、そして若い既婚女性である。(1)

ペニー・ティンクラーは、第二次世界大戦時を含む、一九二〇〜一九五〇年代の女性向け雑誌を取り上げ、そこで読者に伝えられる「女らしさ」を分析し、それらがどのようにジェンダー秩序の形成と維持に関わったかを明らかにしている。ティンクラーは当時の女性誌を、読者である女性の年齢や学齢、そして読者の社会階層に応じて、初等教育レベル（Elementary）、中等教育レベル（Secondary）、そして労働者階級向け（Working）、母娘向け（Mother-daughter）に分けている。

初等教育向けの雑誌がターゲットにしている読者層は、まだ全日制の学校で教育を受けている世代である。一部の掲載小説の舞台が富裕層向けの全寮制になっているものの、読者の社会階級は特に限定されていない。記事の内容は読者層の関心を反映しているが、戦間期に成長を遂げた映画は最も注目されるトピックで、映画や銀幕のスターの記事は重要な地位を占めていた。雑誌によっては、第I部第2章で触れた少女向けクラブの活動もよく取り上げられていた。

同じ年代の少女たちであっても、社会階級、例えば中産階級と労働者階級では、期待されるものや、教育、経験に差異があった。しかし二つの階級の境目、つまりロウアー・ミドル（lower-middle）においては、労働者階級との収入の差はわずかであり、場合によっては労働者階級の収入が上まわる場合もある。また、労働者階級の方が、比較的、自由になる小遣いが多い場合もあり、重要な消費者層となった。よって、雑誌によっては、より多くの読者を獲得するために、特定の社会階級にターゲットを絞らないものもあったようである（Tinkler 46–51）。

『ガールズ・オウン・ペーパー』は、中等教育女学生向け（Secondary Schoolgirl Papers）に区分される。学校長や少女向けクラブ運動の影響が強く、娯楽性だけでなく、教育的意図が盛り込まれている場合が多い。海外生活、自然、宗教、外国語、手芸、スポーツ、クラブでの活動やキャリアに多くのページが割かれているところが特徴である。

一四歳までは義務教育であったが、労働者階級のほとんどはそれ以上の教育を受けることは難しいと考えられていた。比較的早い段階で教育を終え、働き始める一〇代後半のワーキング・ガール向け雑誌の多くは、「ロマンス雑誌」で、ヒロインの冒険や恋愛を主題とした小説（短編・連載）が主なコンテンツである。ロマンス雑誌は更に、オフィス・ワークの女性（white-blouse girls）をターゲットにした「ビジネス・ガール誌」、工場労働者を対象にした「ミルガール誌」（Millgirl Papers）、そして結婚を前にした女性、また既婚女性や若い母親が読む母娘向け雑誌（Mother-daughter Magazines）に分けられる。読者の区分に関わらず、読者は、働きながらも恋愛中――結婚がゴールとして設定されている――と想定されている。よって、オフィスや工場での長時間労働の疲れを見せない美容法や、人目をひくファッションは重要事項であった。

もちろん、オフィス・ガールと工場労働者が必ずしも自分たちをターゲットにしていた雑誌を読んでいるとは限らない。労働者階級の女性たちの多くは特に資格を必要としない工場労働に就くことが多いが、オフィス・ワークやヘア・ドレッサーなどの職業への憧れはあったようである。また、労働者階級では生活を便利にするガス、電気の普及が遅れていたため、家事手伝いのために賃金労働に出ることができない若い女性たちもいた。読者層を細分化されていたワーキング・ガール向けの雑誌は一九三〇年代に合理化のため、消滅していく。母娘向け雑誌は、未婚・既婚を問わず一〇代後半~三〇代くらいまでのより広い読者層にターゲットをあてたロマンス雑誌で、よりきわどい(racy)ロマンスを掲載していたようだ(Tinkler 49–57)。

『ウーマン』は、ティンクラーが各区分で取り上げた戦間期に創刊された雑誌のリストには含まれていないが、読者層は母娘向け雑誌そしてワーキング・ガール向け雑誌に近いものであろう。

2.『ウーマン』の表紙に見る戦前の女性像

『ウーマン』の創刊号には、以下のようにこの雑誌のコンセプトが語られている。

あなたは『ウーマン』の創刊号を手にしている。これは事実とフィクション(fact and fiction)からなる雑誌である。……まず、生き生きとした、力強い、人生の、そして人々の関心のあらゆる場面をとらえる物語と記事を楽しんでほしい。また、家庭における実用的なアドバイスと刺激を提供しよう。

(『ウーマン』一九三七年六月五日創刊号)

雑誌のコンテンツは以下の通りである。

小説：ラブ・ロマンスが主要なもの
思想：時事や女性問題に関するエッセイ
家庭：家政・被服・美容・園芸・育児・料理
ファッション：編み物、ドレスメーキング、付録の型紙

『ウーマン』は、美容、ファッション、育児、家政、料理、生活・住居の分野ですべて女性専門家を配置している点が自慢で、特に美容やファッションにおいては、国内だけでなくパリやニューヨークからの情報、そして夢を与える贅沢なものから、実用性を兼ね備えたものまで幅広いアイデアを提供すると主張している。ファッション担当のアリソン・セトル（Alison Settle 1891–1980）は『ヴォーグ』の編集に携わっており、当時のイギリス随一のファッションのご意見番であった。ファッション業界にも大きな影響力を持っており、業界に関連した政府機関にも貢献していた。(2)

思想のコーナーでは、労働党国会議員のエレン・ウィルキンソン（1891–1947）がエッセイ「女性は働かねばならない」（"Women Must Work"）を、そして大手新聞社で記者として活躍していたマーガレット・レーン（1907–1994）(3)が巻頭エッセイを寄せている。「伝統的」な妻、母としての役割が期待される一方、第一次世界大戦後は家庭の外にも活動の場が女性たちにも開放されつつあった。新しい時代をいかに生

きるかを模索している女性たちの要求に応えようとする意気込みが窺われる。

私たちは、ある意味でこれまで成し遂げられてきたものと同じくらい困難なことをしようとしている。それは、古い世界と新しい世界の融合である。市民であると同時に、女性でもあり、お金を稼ぐと同時に、心優しい恋人でもある。また攻撃的なフェミニストよりは、自立した女性らしい女性であろうとしている。

私たちはわくわくするような、それでいて危険で、変化の多い時代を生きている。私たちの多くは一度に二つの人生を生きている。家庭だけが女性の世界だった古い秩序は永遠に変わってしまった。

新しい秩序――解放を、選挙権を、教育を、そして多くを求めて虎のように戦った――もまた終わった。すさまじいフェミニストはもう廃れて、彼女たちに共感するものはごくわずかである。

女性は自分たちがおかれた場所にいるときも、そしてあの甘美な家庭にいるときも、女性は素敵で、満ち足りていて、絶対的に魅力的なのだ。女性は、同時に二つの場所を満ち足りたものにするために、できるだけのことをやっている。それが成功するかどうかは、今は述べるときではない。

産業革命前の家庭は生産の場を兼ねた重要な場所だった。しかし、その後、家庭は私的領域となった。しかしながら、この時代、女性は社会に新しい足場を築きつつあったが、一方では、家事労働者の不足や賃金高騰のため、主婦の果たす役割は増加しつつあった。この社会と家庭、この二つの世界を同時に、貪欲に楽しむのが新しい女性の目指すところである。しかし、過激な参政権獲得運動を展開したサフラジェットのような女性運動家はもはや支持されず、優しさ、美しさ、愛らしさなど「女らしさ」を楽しみながら、新しく与えられた場所を楽しむことをレーンは推奨している。

昨今、平均的な女性は自立のために働く。少なくとも二〇代始めまでは働き、結婚とともに多くが自立を放棄したら、残された自立した女性の数は恐ろしくわずかであろう。

女性たちは、二つの人生を生きている。このような女性たちは他の誰よりも一九三〇年代、四〇年代の精神をもっている。

働きながら、職業や産業のあらゆる場面での役割を果たす一方で、更に貪欲にも（また正当にも）、優しい気持ちを持って家庭に君臨し、その喜びと責任を手にすることを求めているのだ……

ジョージ朝の新しい女性は、女性の失われた力を取り戻し、新しく得た力に加えようとしている。彼女は両方の世界を存分に生きたいと願っているのだ……女性は男性にとっての全て、そして自分たちにとっての全てになろうとしている。自立した労働者であり、良き市民であり、誘惑者であり、スポーツウーマンであり、主婦であり、母である。

（マーガレット・レーンによる巻頭エッセイ「ウーマン――彼女は今どこに立つか、何を代償にしてきたか、そしてその価値とは?」『ウーマン』一九三七年六月五日創刊号）

女性はたくましく、自立した労働者であると同時に、優しい家庭人でもある。外での労働での疲弊を、家庭での役割を楽しむことで自浄する。家庭を愛し、男性を魅了する「女らしい」女性であり、一方では自立した労働者であり、市民である。依存的で有閑の「レディ」から脱却した自立した、しかも女らしい「ウーマン」になることを提唱している。

一方、労働者階級の女性の現実と相反するようなロマンチックなファッションが一九二〇年代から第二次世界大戦前まで流行していた。無味乾燥な職場と、ロマンチックに演出された私生活、この二つの世界を女性たちは生きていた。そして女性は、結婚市場だけでなく労働市場でも、そして衣類や化粧品など消費の場においても重要な地位を担うようになった。

3.『ウーマン』の表紙を飾る「グラマー」な女性像

多様な世界を美しく生きる「ウーマン」の理想像は、表紙にも反映された。表紙は全てカラー印刷で、ほとんどが胸から上のアップの女性である。人種やエスニシティの多様性はなく、アジア系と思われる女性の一点(一八三七年七月三一日七号)を除いて、全て白人女性である。また、『ガールズ・オウン・ペーパー』のような女子学生向け雑誌の表紙と異なり、女性同士を描いた構図は見られなかった。女性の居場所としての家庭は強調されるが、母子像は創刊から戦時中を通して一点しか見られない。テーマの多くは季節や時期に応じたファッションであり、笑顔、ときには挑発的な表情で現れる。スポーツは水泳、テニス、ドライブなどである。一九三〇年代、エクササイズとしての水泳と、贅沢な海辺の太陽の光を楽しむ休暇がブームとなった。シーズンになると水着姿の女性が二、三回現れる。スポーツとしての水泳をイメージさせるものもあれば、海岸リゾートでのリラックスした姿のものもある。

結婚は特に重要なイベントと考えられており、一年にほぼ三回、花嫁姿の表紙が登場する。こうした号では、ウェディング・ドレス、髪型、ヘッドドレス、ブーケ、そして披露宴についての提案などが記事に現れる。花嫁だけのものも多くあり、男性パートナーが描かれている場合でも、彼らの顔は隠れ、影は薄い。主な読者層が低賃金の労働者であることを考えると、この雑誌が提唱するライフスタイルは、必ずしも読者の現実に沿ったものではなかった。もちろん、夢を与えることは雑誌の重要な役割ではあるだろうが。かつては多くの女性が、ドレスは後々活用できるようなものを選び、質素なお茶会で披露宴を済ませていたが、この頃の女性誌は、読者の収入に見合わないような豪勢な花嫁衣裳と海外ハネムーンへの憧れをかきたてていたのである（Tinkler 54）。

写真 2-3-1　1939 年 6 月 3 日号

第一次世界大戦後、女性は家庭以外での経験が増加したが、一九二〇－一九五〇年代の若い女性向け雑誌においては、一層、結婚を前提にした異性愛が強調されたとティンクラーは指摘している。異性愛者で、一夫一婦の結婚をするということが「女らしさ」の重要な点であり、戦間期においては、道徳面だけでなく、性科学、心理学、病理学において、独身女性労働者を批判する傾向があり、「正常」としての異性愛、また禁欲（celibacy）や同性愛を「異常」として「理論化」

写真 2-3-3　1938 年 12 月 24 日号

写真 2-3-2　1939 年 8 月 12 日号

しようとしていた。異性愛は、青年期において獲得すべき重要なものとしてとらえられ、結婚は女性の達成目標・成功であり、若い女性の発達は、結婚と母性によって完結されるものと考えられていた（Tinkler 3）。

異性愛至上主義的な傾向は『ウーマン』にも明らかである。しかし、男性に対する態度にはバリエーションが見られる。写真2－3－2では、結婚が特集されており、柔和で可愛らしい雰囲気の女性が男性を見上げている。一方、写真2－3－3では、クリスマス号ということもあり、毛皮や露出度の高いドレスをまとった女性の非日常的なロマンスを想起させる。

キャロル・ダイハウスは、一九三〇年代の女性たちにとって、写真2－3－3のような「非日常的」なファッションは、女性たちの「日常」になりつつあったと指摘する。二〇世紀初頭のハリウッド映画の隆盛、ファッションや化粧品の大量生産と普及が大きな要因である。一九三〇年代の女性の変化について、当時の作家たちはこのように述べている。J・B・プリーストリーは、「一九三〇年代では、女工（factory girls）は、女優みたいに見えた」、そしてジョージ・オーウェルは、「第一次世界大戦後の安くて、おしゃれな服のせいで、労働者階級の女の子は、流行を追いかけるようになり、自分はグレタ・ガルボだと白昼夢にふけるようになった」、そしてトーマス・バークは、「今や公共の場において、見た目で、女の子たちの社会階級を判断することは困難になった。かつては、上流階級、中産階級、事務職員、女工はすぐに区別がついたのに」とそれぞれ当時のロマンチックな出で立ちの女性たちについてコメントしている（Dyhouse 88）。

当時、映画は最大の娯楽で、一九三〇年代は映画雑誌の創刊ラッシュであった。女優たちが若い女の子たちの憧れの的になる。女優たちに影響され一九二〇年代から一九三〇年代に現れた新しい女性像は「グラマー」（glamour）と呼ばれ、自己肯定感と自信に満ち、性差を誇示し、性的魅力をアピールする。男性との関係においては、欲望の対象となることを意識しつつも、自分の主体性や自立を保つ。「人格」（personality）、「誘うような目線」（come-hither looks）、「両性具有」（androgyny）、「ハンティング・スピリット」（go-getting attitude）が「グラマー」たちの特徴である。

写真2-3-4　1938年7月2日号掲載　官能的でエキゾチックな口紅の広告

「グラマー」は、労働者階級の若い女性に、ジェンダーと階級を超える変身願望と上昇志向を植え付けた。低賃金労働をしながら、チープで華美な

写真 2-3-5　1939 年 2 月 4 日号
化粧品メーカーとのコラボレーション

ファッションで着飾る彼女たちの姿は、現実逃避的で、消費社会の餌食に映るかもしれない。また、比較的安定した生活を送っている階層の人々からは「ケバケバしく」見えたようである。しかし、この新しい女性像は、既存のジェンダーと階級からの解放という夢を若い女性たちに与えたのである「グラマー」たちにとって、ヴィジュアル・イメージは非常に重要なものであり、見た目や態度で、伝統的な「女らしさ」にはなかった大胆さ、自己肯定感、そして官能性をアピールした。このような女性像の創造を後押ししたのが、ファッションと美容業界である。ヴィクトリア朝では一般的ではなかった化粧の習慣が戦間期に女性たちの間に広まった。一九二〇年代から、マレーネ・ディートリッヒなどハリウッド映画の「グラマー」な女優たちの影響は強く、彼女たちを模倣するようなファッションや化粧が流行る。

低賃金労働ながらも、自分で自由にできる収入を得ることができるようになった若い女性たちは、化粧品の消費者となった。一九三〇年代の大手化粧品会社、エリザベス・アーデン社の広告では、「美しさ」は単なる見た目ではなく、人生を左右すると謳っている。

様々な価値が揺らぐ今日、美は目に見える財産です……あなたの顔が、今日あなたに幸運をもたらすことがないとしても、明日もそうだ、とは言えるでしょうか。そして美がもたらしてくれる幸運はどんなものなのでしょう。

（一九三二年のエリザベス・アーデン社の広告より *Glamour* 35）

かくして、女性のあり方が揺らぐ戦間期において、化粧は不安な時代を生き抜く武器となった。現在に至るまで化粧品業界は、雑誌の大きな広告主でもある。「グラマー」を思わせる官能的でエキゾチックな広告が掲載されるだけでなく、試供品の提供など雑誌と化粧品会社のコラボレーションが活発になった。

物質的豊かさを楽しむことも「グラマー」たちの特徴で、『ウーマン』の表紙にもしばしば毛皮をまとった女性が現れた。ヴィクトリア朝では王侯貴族のものだった毛皮は、裕福なブルジョア階級の手の届くものとなる。一九二三年には、イギリスの毛皮貿易に関する雑誌が創刊され、安価な毛皮が出回るようになる。例えばキツネは、一九一四年の取引ではわずか二千枚だったのが、一九三四年には三五万枚に上っている。このおびただしい数の増加にはぞっとさせられるが、一九三〇年代はマスコミや百貨店がキャンペーンを行うなど、空前の毛皮ブームとなった（Dyhouse 28–31）。

写真 2-3-6　1939 年 9 月 16 日号
毛皮やスリンキーなドレスはグラマーたちのお気に入り

『ウーマン』の表紙や広告にみられる化粧、毛皮・

羽毛、異国趣味、そして曲線美を強調する「しなやかな」(slinky)なドレスは、ハリウッド映画の「グラマー」な女優たちのファッションの影響を受けたものである。また、女性的な体の曲線を強調するために、ぴったりとしたドレスをコルセットなしで身につけるためのダイエットやエクササイズが流行する(Dyhouse 46)。現在にまでいたる美容ビジネスが勢ぞろいしたのがこの時代である。

戦間期は、労働市場における女性たちの進出や参政権の獲得で、ジェンダー秩序が揺らいだ時期であったため、若い女性が経済的にも、そして性的にも男性からの自立を望んでいるのではないかという懸念があったという(Tinkler 6)。しかし、一方では、「美」という名のもとに、ことさらに性差を強調する傾向も見られた。活動範囲や志向においてジェンダーを越境する一方、消費活動で「女らしさ」を補完したのである。

4.「グラマー」たちの第二次世界大戦

『ウーマン』の表紙に最初に戦時色が現れたのは一九三九年一一月四日号である。ツイードのスーツの女性が微笑を浮かべているのだが、背後に見える防空壕を示す看板と空襲パトロール(ARP)の男性が戦時であることを伝えている。戦争は女性のファッションに影響を与えただろうか。第二次世界大戦下では、小さな帽子が好まれ、一九三九年の調査では、女性は一人につき年間平均二・七個購入していた。他のファッション・アイテムに比べて安価であることも、帽子の人気の理由の一つである(Dyhouse 46)。第II部第2章で扱った戦時下の『ピクチャー・ポスト』でも季節の帽子はしばしば記事や表紙に

写真 2-3-7　1939 年 11 月 4 日号

写真 2-3-8　1940 年 8 月 17 日号

登場した。

　物流が困難になったにも関わらず、「女性が美を失うことはイギリス軍の士気を下げる」と女性誌やそこに掲載されている広告では謳われていた（Dyhouse 95–99）。若く美しい女性は兵士たちのチアガールであった。また、温かく、意外に実用的で、グラマーな雰囲気たっぷりの毛皮の人気は戦時中も衰えることはなく、配給クーポンで購入することも可能だった。また、軍需工場で働くようになった女性たちがこれまでにない収入を得て新しい消費者の仲間入りをした（Dyhouse 76–78）。

　後述する女性のリクルートに積極的だった『ガールズ・オウン・ペーパー』と比べ、読者層に既婚女性や若い母親も含まれるため、『ウーマン』は女性の戦時貢献は制限されるべきであるという姿勢をとっていたという（Tinkler 156）。

　一九四〇年においては、『ウーマン』の表紙に表れた女性の戦時貢献は家庭でできる範囲にとどまっている。しかし彼女たちから挑戦的な表情は消え、「グラマー」の対極にあるような柔和な笑顔が目立つようになる。この頃、イギリスで人気が高かったカナダ出身のミュージカル・スター、ディアナ・ダービン（Deanna Durbin 1921–2013）を思わせる、若々しく、健康的で優美な女性たちが表紙を飾ることが増えた。

一九四〇年後半から戦況は厳しくなり、より多くの男性たちを戦場に送るため、女性も戦時活動へのより積極的な参加が求められた。『ウーマン』表紙にも戦時色の割合の増加が見られる。軍需工場で働く女性たちは機械に長い髪がからまないよう、アメリカの「リベット打ちのロージー」の図にも見られるようなターバンを巻いていた。これは女工のシンボルとなり、「グラマー・バンド」と呼ばれていた。戦時活動の女性たちの表情は柔和で、男性とペアの場合は、見上げるような視線を送る。男性たちもまた優しい笑顔がほとんどである。この年の表紙からは、クリスマス商戦を思わせるものは消えた。

写真 2-3-9　1942 年 11 月 7 日号

『ウーマン』に制服が最初に現れたのは一九四一年六月二八日号である。私服の女性が制帽を片手にそれを被ることを考え始めている様子が描かれる。一九四二年以降は制服ガールたちが表紙を飾る割合が増加し、その表情はグラマーの再来を思わせるものが多い。また必ずしも夫婦や恋人同士ではない、男女の表紙が現れた。通りすがりと思われる兵士に後ろ姿を見送られるファッショナブルな女性。

写真 2-3-10　1943 年 7 月 24 日号

写真 2-3-11　1944 年 3 月 18 日号

また、制服で戦時活動をする女性と男性のペアである。

　男性の軍服に準じる制服はグラマーのキーワードでもある両性具有性を引き出した。トレンチ・コート姿のグレタ・ガルボ、スラックスやタキシードを着たマレーネ・ディートリッヒのように、男性的な制服にも関わらずセクシーでマニッシュな魅力を放っている。タバコを吸う女性が表紙に登場したのもこの年が初めてである。挑戦的な視線の制服ガールは、男性たちとともに働く中で、同僚以上の感情を彼らの中に掻き立てることを楽しんでいるようである。

　一九四三年七月二四日号では、制服の女性と男性が背中合わせで立っている、男性は女性の腕章を見て、自分より軍における地位が高いのを気にしているのだろうか。

　休憩時間なのか、画面には入っていないが同僚とトランプをしているらしい女性がいる（写真2－3－11）。また作業後なのか、荒々しく髪を洗う女性など、「女らしく」はないが、新鮮な魅力を持った女性たちが表紙に現れる。

　戦後、一九四六年の表紙は全て女性単独の胸から上のアップばかりである。中には、タイプライター、テニスなどキャリアやスポーツを示唆するものもある。大半は笑顔で、ウェディング・ドレスは健在だが、毛皮や羽飾りはファッションから消え、シンプルなものへ移行している。「グラマー」たちのロマンチックで非日常的なファッションや、表情やしぐさに見られた自分たちの生と性を楽しむ意志は戦後の『ウーマン』の表紙には見られない。

5.『ガールズ・オウン・ペーパー』――リクルートするカバーガール

読者対象の違いは、制服ガールのイメージをどのように変化させるだろうか。第I部でも扱った『ガールズ・オウン・ペーパー』(以下GOP)は一九三〇年頃から、主にスクールガールをターゲットとし、スポーツやキャリア支援に力が入れられる。創刊以来、読者層の年齢や階層について試行錯誤が繰り返されてきたこの雑誌は、第二次世界大戦時にはスクールガール向けに編集されていた。

GOPは女性誌の中でも際立って戦時活動の紹介に積極的だったと言われる。読者層が既婚者や母親である場合、必ずしも戦時貢献を推し進めようとはしなかった女性誌の中でも、GOPのリクルートへの貢献は突出している。(4) この雑誌に制服ガールの登場が顕著になるのは一九四〇年一〇月号以降からである。この時期は「バトル・オブ・ブリテン」として、また前線だけでなく、ホームフロントの多くの一般市民が激しい空襲の被害に遭いながらも戦時活動に携わったため「民衆の戦争」(People's War)として記憶されている。「できるだけ多くの読者に回覧し、その後は廃品回収箱に入れてください」という資源不足を示唆する言葉が現れ、ユニオンジャックを背景にした、制服ガールの表紙がこの時期を特徴づけている。この号以前は、季節感を表す背景やファッション、あるいはスポーツなどの活動をする一〇代半ばから後半の少女たちが描かれていた(5)。

表紙には、各種看護・救急医療団体、陸海空軍補助、消防補助、簡易食堂、軍需工場、農業、その他、地域のボランティア団体など、多様な部門で活躍する制服ガールのイラストが使われた。その少女漫画のように美化された制服姿はまた、それぞれの団体の活動内容を詳しく紹介する記事と関連付けられている(6)。

GOPは一九四〇年〜一九四一年にかけて集中的に表紙と記事を連携させている。一連の表紙は、戦時貢献に携わった団体の制服姿で彩られている。

①看護・救急医療　赤十字(一九四〇年一〇月号)、セントジョン(一九四一年七月号)不明(一九四三年一〇月号)
②空軍女性補助部隊(WAAF一九四〇年一一月号)
③海軍女性補助部隊(Wrens一九四〇年一二月号、一九四二年四月、一九四三年五月号)
④国防義勇軍女性補助部隊(ATS一九四一年一月号、一九四二年一月号、一九四四年一一月、一九四五年一一月号)
⑤消防補助部隊(AFS一九四一年二月号)
⑥女性農耕部隊(WLA一九四一年四月号、一九四二年四月号、一九四二年九月号)
⑦簡易食堂運営、応急処置、空襲パトロール(ARP)など女性志願部隊(WVS一九四一年九月号)

⑧軍隊向け簡易食堂運営（陸海空軍厚生機関ＮＡＡＦＩ一九四二年二月号）
⑨軍需工場（一九四一年一〇月号）
⑩航空輸送補助部隊（ＡＴＡ一九四三年九月号）
⑪ガールガイド・シーレンジャー（ガールガイドの船舶を扱う部隊、一九四二年一〇月号）
⑫少女訓練部隊（Girls Training Corps: GTC 一一〜二〇歳くらいまでの少女向け訓練活動、一九四三年一月号、

写真 2-3-12　1940 年 10 月号　看護

写真 2-3-13　1940 年 12 月号　Wrens（海軍）

写真 2-3-14　1941 年 2 月号　AFS（消防）

写真 2-3-15　1940 年 11 月号　WAAF（空軍）

写真 2-3-16　1941 年 1 月号　ATS（陸軍）

写真 2-3-17　1941 年 7 月号　WVS（簡易食堂）

二月号、一九四三年九月号）

その他、⑬空襲時の巡視員（Air Raid Warden）や少女救急団体（The Girls' Life Brigade 一九四三年三月号、六月号）、⑭応急処置その他（ガールガイド、一九四三年七月号）、制服の現エリザベスII世（一九四三年四月号）や、⑮アメリカの女性補助部隊（一九四四年一〇月号）が表紙に登場する。『ピクチャー・ポスト』も記事では多くの制服ガールを扱っているが、表紙では①、②、④、⑥、⑩、⑭、⑮のみである。そしてATSや農業と食糧供給に貢献した「ランド・ガール」を比較的多く表紙に採用している。『ウーマン』は①、②、③、④、⑦、⑨を表紙に取り上げている。

記事には、実際に活動している制服ガールたちの写真が添えられ、具体的な活動内容が紹介されている。『ピクチャー・ポスト』に見られたような女性の戦時活動への嘲笑を含んだ視線は一切見られない。ここで描かれている戦時活動は「新しく見いだした女性の社会的アイデンティティー」であり（エルシュテイン 289）、ロール・モデルとして、読者の憧れを喚起する。

『ウーマン』では、女性たちが活動の範囲を広げ、そして男性領域に入っていくにつれて、むしろ女性たちの性的魅力をより強調するという姿勢を見せた。新しい世界に入った女性たちは、「グラマー」の信条である主体性を持って自分の性的魅力をアピールしつつも、自立を保てたのだろうか。「美」が女性たちのエンパワーメントになりうるという同誌の主張の背後には、若い女性たちをターゲットにしたファッション・美容ビジネスの台頭も見られた。

一方、『ガールズ・オウン・ペーパー』では、一〇代のスクールガールに積極的に戦時活動への参加を呼びかけている。少女漫画を思わせるような制服ガールの凛々しい美しさは読者の興味を引いたであろう。少女たちは、国家に有用な「市民」予備軍として大いに期待されていた。

注

（1）大英図書館（新聞・雑誌）（ロンドン、コリンデール分館、二〇一三年一一月閉鎖）所蔵。一九四五年の『ウーマン』は保存状態が悪く、閲覧が禁止されている。『ウーマン』に関しては、Magnificent Magforum を参照。

（2）The Council of Art and Industry by the Board of Trade に貢献、一九三七年のパリ万博でイギリスのパビリオンでファッション展示の調査員を、また、一九三六年には、イギリスファッショングループの議長を務めた。

（3）Margaret Lane（1907–1994）一九二八年〜三一年まで『デイリー・エクスプレス』記者、一九三一年〜一九三二年から国際通信社（*International News Service*）特派員、一九三二年〜三八年『デイリー・メイル』記者として勤めていた。一九五八年〜六〇年は、女性記者クラブの議長を務める。

（4）戦時下のリクルートへの関与は読者層にもよる。戦時活動が従来のジェンダー規範を逸脱する面を持っていたこと、また、幼い子どものいる母親は動員の対象から外されていたことから、消極的な雑誌もあった。実際、どのくらいの女性が影響を受けたかは明らかではないが、戦時活動に割いたページの割合は GOP が突出している（Cadogan & Craig 273, Tinkler 108）。

（5）一九三〇年以降の GOP のカバーガールについては「犬の散歩、乗馬、水泳、ホッケーやラクロスでも決して乱れない金髪のボブカットの典型的なイギリス人少女たち。彼女たちはヒトラー統治下の『純粋なアーリア族』を象徴していたかもしれない」と評されている（Cadogan & Craig 310）。

（6）一九四〇年代以降の制服ガールの表紙のほとんどは McKinlay と C. Leigh という署名が入っている。絵であるが故により制服ガールの理想化が、可能になったと言える。

引用文献

Dyhouse, Carol. *Glamour: Women, History, Feminism*. Zed Books, 2011.

Cadogan, Mary, and Patricia Craig. *You're A Brick Angela! A New Look at Girls' Fiction from 1839–1975*. Girls Gone By Publishers, 2003.

Tinkler, Penny. *Constructing Girlhood: Popular Magazines For Girls Growing Up In England, 1920–1950*. Taylor and Francis, 1995.

'Magnificent Magforum'— University of Westminster Journalism website http://www.magforum.com/time.htm 30/1/2014

第4章
フィクションに見る制服ガールの冒険
──「空軍女性補助部隊のウォーラルズ」(Worrals of the W. A. A. F.'s)シリーズ

スクールガールたちの支持を得ていた『ガールズ・オウン・ペーパー』(以下GOP)は第二次世界大戦時に制服ガールを国家に有用な輝く女性として表象した媒体の一つである。この雑誌のリクルートへの貢献は制服ガールの表紙と紹介記事だけにとどまらない。当時の雑誌では短編や連載小説は重要なコンテンツであった。GOPの戦時活動への姿勢は掲載される小説にも反映された。

一連の制服ガールの表紙が始まった一九四〇年一〇月号に連載を開始した『空軍女性補助部隊のウォーラルズ』(*Worrals of the W.A.A.F.'s*)は一九四一年九月まで続く。その後、シリーズ化し、戦後も継続した。主人公、ジョーン・ウォーラルソン(Joan Worralson 通称Worrals)は、一九三九年に結成された空軍女性補助部隊(以下WAAF)に所属している。二つの大戦で重要性を増した空の戦場と航空への関心の高まりの中で生まれた作品である。

GOPに限らずこの頃の女性雑誌の多くが実用的な記事の他に、連載・短編小説に多くの紙面を割いていた。GOP掲載の小説のジャンルについては一九三〇年の五二巻から変化が見られる。度々変更されていた雑誌名称からWoman's Magazineの文字が消え、対象とする読者も結婚前の若い女性というよりは、スクールガール向けに絞られる。小説のジャンルは、冒険もの、ミステリー、学園もの、スポーツの四つが挙げられている。一九三八年以降は更に冒険もの、ミステリー、学園ものの三つに集約され、未来の家庭の担い手という「女らしい」役割よりも、友情やチームワークが主なテーマとなっている。

表紙や記事に戦時色が表れた六二巻では、フィクションの中にも、戦時色が現れ、戦時は前向きに自分の力を発揮したいと願う少女たちの成長の場として描かれる。

六二巻（一九四〇年一〇月〜一九四一年九月）掲載の連載小説

①"Worrals of the W.A.A.F.'s" by Capt. W.E. Johns
（空軍女性補助部隊の制服ガール、戦時活動、スパイもの）

②"Jennifer West—Antique Dealer" by Constance M. Evans
（カントリー・ハウスを舞台にしたミステリー。読み切りのシリーズ）

③"Such a Quiet Place" by Sybil Haddock
（カントリー・ハウスを舞台にした女所帯が解決するミステリー）

④"The Ravensdale Mystery: Long Complete Spy Story" by William Earle
（カントリーに移転した学校を舞台にしたスパイもの）

⑤"The Man with the American Accent" by Maureen Frazer
（カントリー・ハウスに越してきた兄弟姉妹が解決するミステリー）

⑥"Nancy and Narpac: New Long Complete Story" by Phyllis Matthewman
（空襲下の動物を保護する戦時活動に携わる少女、ミステリー要素も含む）

⑦"A Fresh Start: Edith Miles's New four-part story"
（学校を落第した少女がジャーナリストというキャリアに目覚める）

⑧"The Country is so Dull" by Joan Verney
（WVSの制服ガールの戦時活動、スパイもの）

設定として使われた空襲、灯火管制下の暮らし、スパイ活動は読者の目にリアルに映ったであろう。多くの子どもたちや学校が都市部から大々的に疎開（Evacuation）したことを反映し、ロンドン以外のカントリーを舞台としたものが多い。ゴシック小説の流れを受けた古いカントリー・ハウスを舞台にしたミステリーや冒険ものはそれまでも登場していたが、「平穏なカントリー」というイメージを覆す陰謀は、この頃の不安を象徴している。特にドイツ軍の本国上陸が懸念されていたこの頃、イギリスの海岸沿いと、かつてそこで密輸に使われていた地下道が陰謀に使われているのは大きな特徴と言えるであろう。はっきりとナチス・ドイツのスパイ活動を描いているのは①、④、⑥、⑧、制服ガールの戦時活動が現れるのは①、⑥、⑧である。

戦前から重要なテーマとなりつつあった友情や団結は、戦時下では愛国心を伴って描かれるようになる。激しい空襲の中、多くの市民たちが危険で不便な暮らしを強いられていたため、読者を勇気づける意味合いも込められていただろう。一方、戦時が一種の成長や自己実現の機会として美化されている面も見られる。ＧＯＰの連載小説が制服ガールの冒険をどのように描いたのか見てみよう。

1．制服の威力――「カントリーはなんて退屈」("The Country is so Dull" by Joan Verney)

この頃のＧＯＰの表紙同様、小説の挿絵にも颯爽とした制服ガールが登場する。連載小説「カントリーはとても退屈」では、戦時活動をこれまでにない自己実現の場、制服は自立した女性の証として描いている。一七歳のヒロイン、ピップ（Pip）――本名はプリシラ、古風な叔母たちは、男の子の名前のようなピップより、プリシー（Prissy）と呼ぶことを好む――は空襲下のロンドンで女性志願部隊（以下ＷＶＳ）として、自分の力を試したいと考えていた。しかし、軍人の父親は娘をデヴォンシャーのカントリーに住む伯母のもとに疎開させる。

「わかったわ、パパ。私を腰抜けにしたいのね！　イザベルは消防で、ワクワクするような仕事をしてる。マリオンはひと月したら、私をＷＡＡＦに入隊させてあげられるかも、って言ってたのに。パパがやろうとしてることは、私を田舎の雌牛たちのところに追いやるってことよ！」
「そんな風に伯母さんたちのことを話すなんて良くないよ」と、父は厳しくたしなめた。（一章）

ピップの友達は皆、何らかの戦時活動に参加している。同じ様に自分の力を試したいと思っているにも関わらず、カントリーで隠遁生活を営む独身の伯母たちのもとに追いやられることに不満を示す。デボンシャーでは必要のないはずのＷＶＳの制服をピップは頑なに脱がない。制服を着ている理由については、伯母たちに自分は独立した女性であることを印象づけたいからだ、と言う。

制服を着て、伯母様たちにもわかってもらわなきゃ……私が制服を着ているのを見たら、あちこち行くのに「付き添いが必要だ」と言って、一人で出歩くことにいちいち騒ぎ立てたりできないでしょうからね。

（一章）

若い女性が付き添い（chaperones）なしでは一人で行動することを許されなかった伯母の世代とのギャップも窺われる。ピップは、イギリスにやってきたアメリカ兵とその文化に影響された若者であり、スラングを使って伯母たちを驚かせる。しかし戦時という緊急事態によって、女性の行動規範も変化しつつあった。それを象徴する制服を着用することによって、比較的自由に行動させてもらえるだろうとピップは期待している。

制服は、社会に貢献する市民であることの証でもあった。カントリーに向かう列車の中、ピップは、父の元部下（副官 A.D.C. aide-de-camp）のマックスウェル・ガーナー氏に出会う。彼はピップのＷＶＳの制服を見て、同じ場所に滞在するならば、腕が不自由な自分のために運転手をしたりその他の仕事を手伝ってくれるよう依頼する。思いがけない奉仕の機会が訪れたことに彼女は大喜びする。そこに突然、列車を攻撃するナチス・ドイツ軍の戦闘機が襲撃してくるが、ＲＡＦの戦闘機スピットファイア（Spitfire）がすぐに敵を追い払い、動揺は静まる。ドイツのブリッツが深刻だった時期、各戦闘機の名前は読者にも馴染みだったのであろう。タイトルとは裏腹にカントリーが平穏ではないことを予感させる。

伯母宅に到着すると、戦火のヨーロッパを追われてイギリスにやってきたポーランド人のラチンスキー（Rachinski）一家が海岸沿いに住み始めていた。この家族の美しい娘ワンダにピップの幼馴染のトニーは夢中になっていた。しかも心配なことに、無線を操り海外の情報を得ている彼はナチス・ドイツの「新秩序」に共感し、これこそ若者に活力をもたらすと信じている。また彼はロンドンの空襲を実際よりも深刻な状況であると触れ回り、人々の不安を煽っている。一方、郵便局勤めのジョーンズ夫人は、良心的兵役拒否者の息子トムがその信条ゆえに不本意にも農作業に就かされていると不満を述べて

写真 2-4-1 「ドイツ機（Hun plane）だ！ 伏せろ！」マックスウェル氏は言った。（左はピップ）

写真 2-4-2 ワンダは僅かに嫌悪感を露わにしながらも、マックスウェル氏に世辞を述べた。（左はピップ）

いる。この二人の若い男性は実はラチンスキー家と結託し、放火やドイツ軍の手引きをしていた。最終的に彼らは、言動・破壊・スパイ活動を通して敵国の後方支援を行う第五連帯活動（the fifth column）に携わっていたことにより逮捕される。平穏なカントリーに潜む危機的状況がミステリー仕立てで描写されていて、制服ガールのピップは事件解決に奔走する。しかし今となっては外国人や、戦争に「非協力的」な人々があからさまに悪者に仕立てられている点は、後味がわるい。

結果として、制服がきっかけとなり、ピップには待ち望んでいた活動の場が与えられる。そして、平穏だと思われていたカントリーに潜む敵の脅威によって、思いがけない冒険に巻き込まれる。かくして戦時活動の制服は、自立と冒険のシンボルとなる。

2．スクールガールにも戦時活動を！「ナンシーと全国空襲警戒動物保護委員会」
——“Nancy and Narpac” by Phyllis Matthewman

年齢によって戦時活動への参加は制限されていた。WAAF入隊の年齢に満たないピップのように、幼い自分と強い愛国心の狭間でやきもきしている少女をGOPの小説は描いている。ナンシー・ブレイクは活発で好奇心に溢れる一四歳の少女である。この時期のGOPでは、「ボーイッシュ」であることは非難されず、むしろ活動的な少女の特徴として扱われている。ナンシーにはない部分を補完するためなのか、親友の「女の子らしく」、内気なバブス・メレディス（Babs Meredith）がバディーとして登場する。

写真 2-4-3　ナンシーの訪問に驚く Narpac の女性隊員

ナンシーもやはりカントリーで暮らしている。空襲で逼迫した都市部ではないため、また一四歳という年齢のために、自分が国家のために何もできないことに不満を感じている。学校で習う応急処置くらいでは満足できず、知り合いの空襲監視員に「自分に何かできることはないか」と尋ねると一笑に付される。たった一つ年上の少年ジャックはすでに戦時活動に就いているのに、女の子と男の子との間にはそんなに差があるのか、と不平を漏らす。

「あぁ、死ぬほど退屈だわ。私たちは、小さな田舎町の外れに住んで、毎日、学校に行き、いつもと同じ授業を受けるだけ。もっとロンドンに近かったら、夜に爆撃機がやってくる音が聞けるでしょうに。リントンにも一つか二つ、爆弾が落ちたって聞いたけど、私たちのところには来ないわ。……それに、私たちは大人じゃないから、私たちが何か手助けできるって思ってもらえない。ばかばかしいと思うわ。ママとシルビアは簡易食堂で働いているの。モリーは海軍女性補助隊員よ。ジャックは空襲監視員の伝令。でも私はスクールガールだから、何もやらせてもらえない。もう、うんざり！」

（一章）

ところが、ナンシーのようなスクールガールにも戦時貢献のチャンスは訪れる。各自様々な戦時活動のため帰宅の遅い家族を待ちながら雑誌を開くと、空襲後の動物たちの保護に携わる全国空襲警戒動物保護委員会（NARPAC）の隊員募集の文字が目に入る。事務所に訪ねてみると、応対してくれたグラント夫人は、募集中の動物保護員（Animal Guard）はナンシーには難しいのではないかと応える。ナンシーは激しく落胆し、やはり年齢と性別のせいで自分に機会が与えられないのだと訴える。

「みんなと同じ！」、ナンシーは苦々しく叫んだ。「そんなの不公平だわ。私は男の子と同じくらい役に立つのに、誰も私に何もやらせてくれようとしない。」
（2章）

写真 2-4-4　犬を両腕に抱えたナンシーは、息を切らしながらよろよろと部屋を突っ切る。

ナンシーの驚くほどの積極性に、グラント夫人は彼女の意欲を評価し、アシスタントとして手伝ってもらうことにする。ガールガイドのような制服のナンシーが空襲で行き場を失った動物たちを救出する一方、サブ・プロットでは、とある屋敷に住む足の不自由な少年との交流、そしてナチス・ドイツ軍の陰謀と密接につながったその屋敷のミステリーが描かれる。

3．キャプテン・W・E・ジョンズとその時代

前章で述べたように、一九四〇年一〇月号の表紙をWAAFの制服ガールが飾った。またこの号ではWAAFの活動や採用に関する記事も掲載されている。更に一八歳のWAAF隊員、ジョーン・ウォーラルソン（通称ウォーラルズ）が活躍する『空軍女性補助部隊のウォーラルズ』（*Worrals of the W.A.A.F.'s*）が連載を開始する。第一次世界大戦にも増して重要性を帯びた空の戦場とそれを取り巻く状況が描かれる。他の「制服ガール・ノベル」が戦時下の極限られた時期に見られた一過性であったことに比べて、「ウォーラルズ」は戦後もシリーズを継続した。「ウォーラルズ」シリーズが、制服ガールの冒険をどのように描いたのか、またそれらが戦後どのように変化するのかについて見てみよう。

はじめに作者、ウィリアム・アール・ジョンズ（Captain William Earl Johns 1893–1968）を紹介しよう。第一次世界大戦時に戦闘機を操り、ペンネームでは自らを「キャプテン」と名乗っている。ジョンズは第一次世界大戦時に、イギリス空軍（RAF）の前身、王立陸軍航空隊（Royal Flying Corps）で航空インストラクターとして勤めた後、少尉として西部戦線に赴く。その後、RAFの航空中尉になる。一九二七年には予備軍に退き、そして一九三二年に任務を離れる。(1)

その後、新聞の航空通信員の経験を経て、自ら『ポピュラー・フライング』（*Popular Flying* 一九三二年四月号－一九三九年九月号）という雑誌を刊行する。(2) ここで『ラクダたちがやってくる』（*The Camels Are Coming* 1932）を皮切りに、パイロット、ジェイムズ・ビグルズワース（James Bigglesworth）通称ビグル

ズ（Biggles）を主人公としたシリーズがスタートする。このシリーズは雑誌連載の後、一〇〇タイトル以上の単行本として出版された。パイロットの称号「キャプテン」を名乗る作者自身の飛行訓練や戦闘機操縦、そして空軍での経験が色濃く反映している作品である。

戦間期に誕生した「ビグルズ・シリーズ」は、戦争のあり方を批判的に問うたり、命の尊さを主張するものではない。戦争や国家間の衝突を背景とし、ミステリーや犯罪小説に影響を受けた、お決まりのプロットを持つ商業主義的な大衆娯楽小説ではある。また、外国人や植民地における先住民族の描き方は、現在の視点で見ると批判を受ける点もあるだろう。第二次世界大戦中は戦局を反映して、悪役は圧倒的にナチス・ドイツ軍であり、『ボルネオのビグルズ』（*Biggles in Borneo* 1943）では日本軍も槍玉に挙げられる。戦後、ジョンズの作品の多くは「平和な時代にふさわしくない、軍国主義的な価値観、英雄崇拝、人種的偏見、植民地独立後の新生イギリスがめざす平等主義や国際協調主義にそぐわない」と教師や図書館員から不評を買った。そして学校や公立図書館から排除されることもあった。しかし一方では、「好戦的愛国主義の神話」への郷愁を持つファンは健在で、ヨーロッパ中で翻訳され、ペーパーバック版は現在でも販売されている（ハント 325）。イギリスでは帝国の拡大に伴い、支配者としての西洋を肯定的に描く文学も多く産出された。子どもや若者向けの文学のほとんどが大人の手で書かれ、彼らの教育的な意図を反映しているとするならば、時代によっては文学も帝国主義に加担をした、という非難を免れない。

賛否両論あるものの、ジョンズは文学の教育的効果を意識し、その学校や家庭以外の「非公式の教育」を意識した作家と言えるだろう。(3) 彼は自身の作品について以下のように述べている。

何よりも娯楽小説の読者に向けたものである。少年たちには、年上の人や偉い人たちが読むべきと考えているものではなく、彼らが欲しいものを与える、ということだ。同時に私は彼らを教育してもいる、ただしカムフラージュしながら行っている。若者たちは鋭敏に学びとるが、教育的な部分をあからさまに示してはならない。さもないと彼らはこちらの意図に対して懐疑的になるだろう。私は少年たちに、「男になる」ということを教える。それが身につかなければ、何者にもなれないからだ。私はイギリス的な考えに則り、スポーツマンシップを教える……自然の成り行きに置いては、礼儀正しい振る舞いが最後にはものを言う、ということを教える。私はチームワーク、帝国と正しい権威への忠誠を教える……

(Spencer 137)

階級や国籍を超えた仲間たちと協同し、一介のパイロットから一つの部隊を率いるリーダーに成長していくビグルズ。娯楽というカムフラージュの下に、スポーツマンシップ、チームワーク、国家への忠誠の重要性を少年たちに伝える。ジョンズは読者の反応から、自分が創ったヒーローに少年たちが大いに影響を受けていることを確信した。ジョンズは、自分の読者層を少年と想定しているが、ボーイスカウトや『ボーイズ・オウン・ペーパー』の例にも見られたように、少年向けと思われていたジョンズの作品は性別を問わず受け入れられていた。そして言わば女性版「ビグルズ」である「ウォーラルズ」シリーズにおいても、リーダーシップ、チームワーク、そして国家への忠誠の重要性は伝えられ、ジョンズの「非公式の教育」は少女たちにも波及した。

4．現実を越えるウォーラルズの冒険

ジョンズがGOPに「ウォーラルズ」シリーズを開始したのは一九四〇年。「ビグルズ」シリーズですでに成功を収めていた彼を戦時プロパガンダに協力させるためGOPに派遣したのは、情報省であると言われている。(4) ジョンズは、「ウォーラルズ」以外にも、いくつかの連載小説と航空に関するエッセイを担当した。前章で挙げた海岸からのドイツ軍上陸を阻む少女たちの団結を描いた「レイヴンズデールのミステリー」はウィリアム・アールというペンネームで発表している。ジョンズが「ウォーラルズ」シリーズを開始したのは、ナチス・ドイツ軍がヨーロッパ大陸を席巻する中、アメリカ・ソ連が参戦を見合わせていたためイギリスが孤独な戦いを強いられていたバトル・オブ・ブリテンの時期と重なる。また一九四一年一二月の「国家総動員法」により、イギリスは組織的に女性を戦時活動へ動員し始めた。こうした社会背景はGOPにも影響し、ジョンズは少年向けの「ビグルズ」シリーズだけでなく、少女向け雑誌にも戦場を舞台とした冒険小説を提供した。

第二次世界大戦中に連載された「ウォーラルズ」シリーズは『空軍女性補助部隊のウォーラルズ』、『ウォーラルズは任務を遂行する』、そして『ウォーラルズは再び空へ』の三作である。一八歳のジョーン・ウォーラルソン、通称ウォーラルズは、WAAFの空軍少尉（pilot officer）である。その後、シリーズでおなじみとなる一連のキャラクターが紹介される。一つ年下の友人であり・同志(comrade)のベティ・ラヴェル（Betty Lovell）は、そばかすのために「フレックス」（Frecks）と呼ばれ、この二人の外見は対

照的に描写される。ウォーラルズは可愛らしいタイプでは決してないが、端正な顔立ちで、形容しがたい魅力があると説明される。

肌は浅黒く、髪はブルネット、そしていつもきちんとしている。瞳は髪と同じ色で、揺るぎなく、思慮深い、一瞬のユーモアの閃きが柔らかさをもたらすとき以外は……

（GOP一九四〇年一〇月号）

その聡明な瞳はときに攻撃的な煌《きらめ》きを放つ。彫りの深い顔立ちで、持って生まれた威厳がある。初等学校の頃から、スポーツではリーダーを任されていた、と説明される経歴にはこの時代のGOPの理想が見られる。

一方、フレックスは金髪碧眼であるが、「知的なブルネット」と「女らしい金髪美女」というありがちなペアとしては描かれない。フレックスも非常に活発で、むしろ身なりにかまわないタイプであり、そばかすを「レモンジュースでケアしたら」というアドバイスを笑い飛ばす。彼女は一つ年上のウォーラルズを心から尊敬している。MAYSと署名のある挿絵によって、ウォーラルズとフレックスのスマートな制服姿及び秘密の任務の際の私服姿が描かれるが、文字テクスト上には二人の外見やファッションは詳しく言及されていない。しかし、自分が女性として魅力的であることはわかっているようで、ときおり自分の魅力を戦略的に使わないこともない。

フレックスはウォーラルズの判断力と臨機応変な行動力に心酔しているが、もう一人、ウォーラルズの魅力に抗いがたいものを感じているのがＲＡＦ隊員のビル・アシュトン（Bill Ashton）である。シリーズ一作目から、彼女の動向に気を配り、応援し、危機的な状況には強力な助っ人となる。そして二作目からは、彼女に対し並々ならない愛情——それが報いられることはない——を感じていることが仄めかされる。ＷＡＡＦのスローガンは「空飛ぶ男性を支える」（Support the Men Who Fly）だが、この小説に限っては男性が「空飛ぶ女性を支える」構図になっている。

ウォーラルズの活躍に助けられながらも、彼女の越権行為を苦々しく思っているのが所属基地の司令官のマクナヴィッシュ少佐（McNavish）である。一話冒頭、仕事の合間にウォーラルズは仕事の合間にビルに戦闘機リライアント（Reliant）に乗せてもらい、機関銃の操作を教わる。そのことが司令官に伝わり、厳しく注意される。「いざというときのため」という彼女の言い訳に対して、「もし若い女性にそれが必要であるときが来るとしても、まだその時ではない」と司令官は言い放ち、ウォーラルズとビルに休暇取り消しの処分を下す。ウォーラルズとフレックスは、スコットランドのアバディーン出身で訛りが強い上官を“old bear”と呼び陰口を叩くが、彼は女性蔑視をする人物というよりも、組織の秩序を何よりも優先する上司として描かれる。

退屈な日常は冒険物語のスタートとしてお決まりのパターンの一つだが、このシリーズでも戦時

写真2-4-5 「解散！」司令官は傷を負ったトラのように唸った。（左からウォーラルズ、マクナヴィッシュ司令官、ビル）

下にも関わらず、ウォーラルズが相棒のフレックスに自分の任務についての不満を述べる場面から始まる。

「ねぇフレックス、実際……飽きずに小型飛行機を同じ場所に運ぶのには限度があるわ。週に四、五回、三ヶ月間も、敵にやられたタイガーモスを製造元に修理に出す、ずっとそればかり。幹線道路を自転車で走るのと同じくらいの興奮でしかない……実際、それ以下かもしれないわ。路上だったら、私たちを追い出そうとするオートバイがいるからね。男たちは飛び立って行くのに、女（girls）にはそれができないなんて……あぁ」

（GOP一九四〇年一〇月号）

前述したピップやナンシーに共通する不満がここにも見られる。ここでウォーラルズは、戦闘機を基地から修理工場へと輸送する任務に就いている。しかし実際のWAAFは、清掃、調理、応急手当、事務などに従事していた。ウォーラルズの飛行機操縦については、空軍所属の伯父の推薦があり、戦前に単独飛行の経験があったため許可されている、と説明されているが、実際には戦闘機で戦場へ出ることはもちろん、戦闘機の輸送もWAAFには許されていなかった。

司令官はウォーラルズに休暇取り消し処分を与えたが、間がわるいことに、上層部の命令により彼女にリライアントの輸送を命じるはめになる。戦闘機の機種は固有名詞で表されるが、空襲に警戒し、RAFの活躍を期待していた読者にとって、個々の区別は難解ではなかっただろう。

パイロットが帰還する夕暮れ時、前方に見知らぬ灰色の飛行機が現れる。確認のため無線のスイッチを押すと、警戒と敵機の撃墜命令が上空にいる全ての戦闘機に対して繰り返し出されている。ウォーラルズは越権行為と知りつつも、敵機追撃を開始する。そして退屈な日常はリアルな冒険へと一転した。軽い気持ちでビルに教わった爆撃装置の使用を早くも実践することになる。敵機撃墜という任務を目の前に、ウォーラルズは現実の戦争を実感する。

心の中では戦争を憎んでいた。しかし最近は、理由もなく他国を侵略して、平和を望むものたちに野蛮な信条や教義を押し付け、戦争を開始したものたちを憎むようになっていた。いざ戦争が始まったら、抵抗するしかない。こんな時、脅かされた共同体に生きるものは皆、国家への義務を負うている。そして一度心を決めたら、もう後戻りはできない。その先に必ず起こりうる試練から怯《ひる》むことはできない。それがいかに嫌悪すべき行為であったとしても。今まさに自分がやったことをもしやり損ねていたとしたら、それは王の任命を受けたときに誓った忠誠を裏切るだけでなく、自分の制服と制服が意味するものに自分が相応しくないことを証明することになる。

（GOP 一九四〇年一一月号）

戦争に伴う破壊と殺戮を忌み嫌ってはいても、その行為を拒めば、国家への忠誠と自分自身を裏切ることになる。ここでウォーラルズが身につけるWAAFの制服は、隊員に期待される資質や能力、そして決意と行為を象徴する衣装となる。

女だてらに敵機を撃墜したウォーラルズの手柄を上司は面白く思わない。女性がイギリス空軍戦闘機

写真 2-4-6 「死にたいの？！」ウォーラルズは敵に向かって叫んだ。

を操縦したことが敵にばれたら、「RAFは女に頼る女々しい軍隊である」とナチスのプロパガンダに使われるに違いない、と懸念する。ジョンズは、すでに「ビグルズ・シリーズ」で、危機的な状況で判断力と行動力を駆使し、国家への忠誠を行為で実践するヒーローを描いたが、女性であるウォーラルズにもそれを踏襲している。

その後、ドイツの空爆を密かに誘導するため国内に潜むスパイの存在をウォーラルズは嗅ぎ付け、敵からの攻撃を食い止める活躍を見せる。実際に、ナチス・ドイツ軍によるイギリス本国への激しい空爆が続く中、読者はウォーラルズの暴く陰謀をリアルに感じただろう。見事、敵を撃墜した彼女の行為は男性たちに決して歓迎されることはなかったが、報酬として休暇取り消しを免除される。

休暇中、ウォーラルズは、ナチス・ドイツ軍の陰謀に出くわす。彼らの一人は牧師になりすまし、土地を借りて、何種類かの動物をそこに放牧することによって、ドイツ軍を手引きしていた。次のターゲットはチャーリーの大軍需工場であること、またすでにいくつかの橋に爆弾をしかけたことなど、陰謀の証拠をつかんだウォーラルズはビルに連絡を取る。ウォーラルズとフレックスは敵に捕まり、ドイツへと連れ去られそうになるが、ウォーラルズは敵機のハンドルを奪い、墜落させると逆に彼らを脅し、敵の動きを封じながら無事、着陸に成功する。敵地へ乗り込み、危険な目に遭いながらも、重要な機密を手に入れるウォーラルズの姿には、イギリス軍の諜報部（SOE）の有能な女性スパイたちの姿も重ねられているかもしれない。国の重要な危機を救ったウォーラルズとフレックスには昇進のチャンスが与えられたが、二人はけなげにも厳しい上官の下に残ることを選ぶ。

「ウォーラルズ」で描かれた女性パイロットの特異性と虚構性は、『ピクチャー・ポスト』掲載のWAAFや女性パイロットと比較すると明らかである。WAAFは、空軍の「補助的な」作業が主な任務であり、戦闘機の操縦も輸送もその任務には含まれていなかった。現実を超えた制服ガールの戦時貢献は、むしろ男性読者の非難の目を気にせず、女性に活動の場を提供できる女性誌だからこそできたことかもしれない。

シリーズ第二作、『ウォーラルズは任務を遂行する』（*Worrals Carries On* GOP 一九四一年一〇月号〜一九四二年九月号連載）では、ウォーラルズはシャーロック・ホームズのような推理力を発揮する。基地に一機だけ遅れて戻ってきた戦闘機を点検中、イギリス本国には生息しないはずの、フランスで栽培されているゼラニウムの葉がそこに一枚付いているのにウォーラルズは気づく。その戦闘機が海峡を渡り、ドイツ占領下にあるフランスに着地したとするならば、給油なしで帰還することは不可能である。手持ちのハンドローションの空き瓶に機体に残っていた燃料を分けて貰い、イギリス軍使用のものと比較する。すると、どうやらそのタンクに入っているのはドイツ軍が使用している燃料であることがわかった。そこから、彼女はその戦闘機のパイロットである最近赴任したベルギー人がスパイではないかと疑う。ウォーラルズは、彼が実はドイツ人であり、イギリス軍の情報を敵に漏洩していたことを発見する。

更にウォーラルズは、フランスのレジスタンス及び彼らに匿《かくま》われているイギリス人兵士たちと知り合う。ダンケルクから撤退できずにフランスに残らざるを得なかった彼らを救出し、イギリス本国に連れ帰るため、ウォーラルズはフレックスとともに決死の任務に就く。ウォーラルズは過去のフランス滞在中に身につけたフランス語を駆使し、敵の目をくらますためフランス娘に扮する。

こうしたウォーラルズの行動はもはやWAAFというよりは、諜報組織SOEを思わせる。敵の拷問を受け、強制収容所で命を落としたヴァイオレット・サボーはその勇気と忍耐が称えられ、戦後には映画の題材にもなった。当時、実際にWAAFからSOEに配属された女性が存在したことが明らかになっている（Spencer 140）。戦時下の現実と虚構が入り混じり、ウォーラルズの造型と冒険は構築されている。イギリス軍のダンケルクからの脱出は二〇一七年に改めて映画の題材になるほど、イギリスにとっては重要な第二次世界大戦時の局面である。(5) このナチス・ドイツ軍に追い詰められたイギリス軍の命がけの大脱出は一九四〇年五月から六月に決行され、その後パリはドイツ軍の手に落ちる。軍部とも深い関わりがあったジョンズがイギリス軍の動きをどれくらい把握していたのかは定かではないが、ウォーラルズの冒険が同時代の読者に与えたであろうリアリティには驚かされる。

シリーズ三作目、『ウォーラルズは再び空へ』（*Worrals Flies Again* GOP 一九四二年一〇月号〜一九四二年一二月号連載）の冒頭、フランスで絶体絶命の目に遭ったにも関わらず、ウォーラルズは再び日常に退屈している。

「時々ね……叫びたくなる時があるわ。私を怖じ気付かせるほど軍隊の生活は単調ね。訓練、朝食、更に訓練、昼食、お茶の時間、講義、夕食、就寝。そして次の日も、訓練、朝食……」

（GOP一九四二年一〇月号）

ウォーラルズの肩書はここでは「空軍准尉」（Flight Officer）として紹介されている。フランスでのイギリス兵救出劇は上層部にも伝わり、彼女の活躍に期待する諜報機関は再度、困難な任務を提供する。ドイツ占領下の地域の情報収集と伝達に苦労する上層部は、敵に気づかれずに情報を手に入れるため、ウォーラルズとフレックスを再びフランスへ向かわせる。ロワール川河畔の古城に小型機で待機し、エア・メッセンジャーとして重要な情報をイギリス本国に運ぶのが今回の任務である。管理人の他は誰もいないと思われていた城に到着すると、すでにそこはドイツ軍の駐屯地になっていた。要注意人物としてあらかじめ写真で知らされていたゲシュタポのリーダー（Wilhelm von Brandisch）は、変装を駆使してウォーラルズを窮地に陥れる。「ビグルズ・シリーズ」に現れる強大なドイツ人の敵（Erich von Stalhein）との類似が見られる。

中世の城を舞台にした若い女性の謎に満ちた冒険はゴシック・ロマンスを思わせるが、ウォーラルズもフレックスもこの手の小説でおなじみの古城に監禁された「虐げられる乙女」ではない。二人の判断力と行動力、航空機や武器を使うスキルは彼女たちをそれまでにない強力なヒロインにした。男ばかりの戦場で予想されるハラスメントや暴力にウォーラルズが悩まされることはない。その理由の一つにGOPの主な読者対象がスクールガールであることから、恋愛や性に関する話題は避けられていたことがあるだろう。またジョンズが携わったプロパガンダやリクルートの目的を考えると、WAAFや女性の戦時活動にネガティブなイメージを持たせることはご法度であっただろう。

フレックス曰く、「冒険ってチョコレートみたいね。ちょっとなら美味しいけど、そうでなければその風味は損なわれるわ」

（GOP一九四二年一二月号）

こうした可愛らしい比喩、ある程度の女らしさ、また、恋には至らない崇拝者の存在は描かれるが、「ウォーラルズ・シリーズ」では、女性の身体であるが故に予想される危険やハンデは除外され、ヒロインはむしろヒーロー的人物として描かれる。

「ウォーラルズ」の冒険の多くはWAAFとしては越権行為に当たる。戦間期に航空機は大きな進歩を遂げ、一九三〇年代は航空クラブが人気を博し、エイミー・ジョンソンやポーリーン・ガワーなど著名な女性パイロットが登場し、ジョンズとも交流があった。GOPには他にも女性パイロットや航空を扱った小説が掲載されている。こうした経験者はRAFあるいはWAAFに勧誘されるが、WAAFは女性の戦闘機操縦は認めていなかったため、ジョンソンやガワーは修理工場から基地までの輸送を担当する民間組織の航空輸送補助部隊（ATA）で働くことを選んだ。このATAの業務をジョンズの小説ではWAAFのウォーラルズが担っている。男性と遜色ない経験と技術を持った女性パイロットたちは、ATAで最初は古いタイプのタイガーモスの操縦を任された。小説では、ウォーラルズがタイガーモスを輸送し、ビルがリライアントを任されている。航空事情に詳しいジョンズは細部に至るリアリティを追求している。

ジョンズは、WAAFの業務内容を誤解し、ウォーラルズに戦闘機を輸送させているわけではない。彼は小説に加え、「操縦桿の後ろで」（"Behind the Joystick"）という航空エッセイをGOPに連載していた。航空に興味ある読者に向けて、飛行機の操作や航空クラブの活動について紹介するものである。一九四一年一一月号掲載の記事「WAAFの生活」において、WAAFでは女性は戦闘機のパイロット（fighter pilots）になれないこと、ATAであれば戦闘機の輸送に携わることが可能であると書いている。ジョンズは、女性が十分優れたパイロットになれることを認めつつも、空中戦での戦闘機操縦が女性の任務になりうるとは決して思っていない。「性差による任務の違いを設ける理由は明らかでない」と前置きしつつ、RAF候補生を育てる組織は航空省の管轄で、少年向けのみが用意されていること。第一次世界大戦後がそうであったように、WAAFは終戦とともに動員解除されると予想していること。これらに鑑み、戦後は廃止されるとわかっている組織に多くの税金を使えないため、女性パイロット候補生を訓練する組織がないためではないか、と推測している。

「ウォーラルズ」シリーズのWAAFの脚色については、GOP掲載の小説のジャンルにも関係しているであろう。一九三八年以降は冒険もの、ミステリー、学園ものの三つに集約され、リーダーシップ、チームワーク、友情が主なテーマとなっていた。「ビグルズ・シリーズ」ですでに戦場における友情やチームワークを描いてきたジョンズにとって、「ウォーラルズ」で同様のテーマを扱うことは難しくなかった。パイロットであるジョンズ自身は、RAF及びWAAFの魅力は空にあると考えていただろう。依頼されたWAAFのリクルートを成功裡に治めるためにも、ヒロインを空に飛ばし、スパイもののような謎と冒険に満ちた物語を提供する必要があった。「ビグルズ」の女性版を期待されているジョンズに

とって、たとえ現実に即していたとしても、ウォーラルズの冒険をキッチンや事務室に設定するわけにはいかなかった。(6)

5．「動員解除」(demob) と「ウォーラルズ」の遺産

戦争の推移と制服ガールの戦時貢献を踏まえ、「ウォーラルズ」シリーズの位置づけを確認してみたい。第二次世界大戦時、多くの女性たちが戦時活動に動員され、「自分のできるわずかばかりのことをする」(doing her bit) ことによって、国家に貢献した。その姿は、少女たちにもあるべき姿としてＧＯＰのようなメディアで発信された。「ウォーラルズ」シリーズで興味深い点は、戦時の女性に求められた以上の冒険が含まれていることである。女性はより多くの男性を戦場に送るため、男性領域への進出が許されたが、戦後、その「失地回復」のため、女性は次々に動員解除 (demobilization, demob) される。ＷＡＡＦを解任されたウォーラルズの戦後の冒険には戦時の経験がどのように反映されているだろうか。

写真 2-4-7 『ガールズ･オウン･ペーパー』1945 年 11 月号

ＧＯＰ一九四五年一一月号から、一九四六年六月号まで、『未開の地のウォーラルズ』(*Worrals in the Wilds*) が連載される。ＧＯＰ一九四〇年一〇月号から、一九四五年一月号までは存在していたユニオンジャッ

クと制服ガールたちの表紙はすでに消えている。一九四五年一月号の表紙は編み物にいそしむ可愛らしい女の子で、それ以降、ファッション、スポーツ、絵画や手芸などの趣味、そして旅行をする若い女性が表紙を飾る。

第一次世界大戦同様、政府は当初、第二次世界大戦でも女性の動員は最小限に、そして伝統的な女性の役割にとどめようとしていた。しかし戦況はそれを許さず、女性の活動範囲は予想より幅広いものになった。こうした状況において、一九四一年の国家総動員法は女性たちが労働条件の改善を求めるきっかけとなったが、戦後はこうした女性運動は下火になった。一九四二年には戦前の習慣へのバックラッシュを促す法令（Restoration of Prewar Practices Act）ができ、男性の仕事だと思われていた仕事に従事した女性は、戦争終結後直ちに、その仕事を失うことが確実となった（Levine 96–107）[7]。戦時活動に携わった多くの女性たちが終戦間際、あるいは戦後に経験したように、ウォーラルズとフレックスもWAAFから動員解除され、その後の人生を模索していた。二人の住むアパートに元RAFのビル・アシュトンが訪ねてきたとき、フレックスは彼がウォーラルズを花嫁として連れ去っていくだろうと予想した。金鉱開発をしている叔父を手伝うため、「暗黒のアフリカ」（"Darkest Africa—with a capital D for Darkest"）に旅立つという。花嫁としてウォーラルズを伴いたいと求婚するビルだが、ウォーラルズは「戦争も終わったから少しリラックスしたい」とにべもなく断った。しかし、間もなく彼の便りが途絶えたため、ウォーラルズはフレックスとともにビルの消息を追って自身が操縦する小型機でアフリカへ飛び立つ。フレックスはウォーラルズがアフリカで探すのはビルではなく、むしろ冒険ではないかと疑念を持っている。

それ以外のもの……フレックスは心の底で思った、ウォーラルズはビル以外の何かを探しているんじゃないかしら。それは冒険。（GOP一九四五年一一月号）

ビルが中継地点として使っていると言っていた、イギリス政府が現地に委託して管理しているはずの空港は見知らぬ外国人に乗っ取られていた。ビルの伯父が所有する金鉱に起因するトラブルにウォーラルズとフレックスも巻き込まれていく。そして物語はウォーラルズとビルの結婚で幕を閉じるわけではない。

その後、ウォーラルズはフレックスとオーストラリアに旅立つ。一九四六年一〇月号から一九四七年七月号まで『ウォーラルズはオーストラリアへ』（*Worrals Down Under*）が連載される。そこではWAAFの遺産である女同士の友情が描かれる。ウォーラルズとフレックスがオーストラリアを訪れたのは、二人でそこに航空会社を立ち上げられないかと考えたからである。イギリス本国ではすでに大企業が幅を利かせていたため、新天地オーストラリアにビジネス・チャンスを求めてやってきた。フレックスは自分が開放的なこの土地に合っていると述べる。そこで戦時貢献で勲章を授与された友人ジャネット・マーロウに偶然出会う。彼女はオーストラリアに住む伯母の元に身を寄せていたが心配ごとがあるらしい。実は伯母の土地はオーストラリア特産のブラック・オパールが取れるため、そこを狙う輩とのトラブルに巻き込まれていた。「戦友」である三人の女性が力を合わせて不正に立ち向かう。動員解除後、女性たちは男性たちに職場を譲り、家庭に入ることが望まれていた。しかし、飛行機を操る空飛ぶヒロインのウォーラルズとフレックスには冒険の場が残されていた。

ウォーラルズは、期待以上の働きをすることによって、周囲をはらはらさせながらも男性の信頼を勝ち得ていくヒロインであり、『ピクチャー・ポスト』のカバーガールのように任務の合間の「女らしさ」や「可愛らしさ」は期待されていない。ウォーラルズの冒険をサポートする男性はいるが、彼らとの恋愛に発展することはない。また職場や敵地で性的なハラスメントや暴力に悩まされることもない。GOPは、スクールガール向け雑誌という限られた範囲で可能な（そして幻想的なほどに安全な）戦時下の「冒険」を発信していた。そこでは、異性よりも同性のバディーとの協力や友情が重視され、『ピクチャー・ポスト』には見られなかったような「シスターフッド」あるいは「女同士の絆」が描かれていた。

第二次世界大戦を舞台に戦闘機を操り、敵地に乗り込んだウォーラルズを「フェミニスト」の先駆けと考えるか、それとも禁欲的に国家のために「自分のできるわずかばかりのことをする」忠実な「市民」に過ぎないのかは議論が別れるであろう。

作者ジョンズも女性の社会進出や自己実現を支持していたというよりも、戦時においては、男女ともに自立心、決断力、行動力が必要と考え、そうした資質を彼のヒロインにも付与しただけであろう。しかし「フェミニスト」とは考えにくいが、少なくともパイロットとしての経験を持っていたジョンズは航空機操縦の技術においては、性差は問題にならないと考えていた。皮肉にも空の戦場と飛行機というテクノロジーの登場は、男女間の肉体的な差異を超えることを可能にした面がある。ダナ・ハラウェイが「サイボーグ・フェミニズム」という言葉で表現したように、ウォーラルズのようなヒロインにとっては、飛行機というテクノロジーが確かにエンパワーメントになっている。作者の意図とは必ずしも一致していなかったかもしれないが、「ウォーラルズ・シリーズ」の空飛ぶヒロインは、戦時中そして戦後にも、家庭や国境に縛られない解放的で自由な女性のイメージを発信した。

一方、戦後の「ウォーラルズ・シリーズ」において、解体しつつある帝国の痕跡をヒロインに辿らせるのもこのテクノロジーである。旧宗主国の彼女がアフリカやオーストラリアを旅し、そこでの不正を暴き、「正統な」ものへと富を分配する。女性の解放と自己実現が、新たなる帝国主義に加担するかもしれないという危うさもまた同時に描かれている。

ここではイギリスの戦況が厳しかった一九四〇年一〇月以降のGOPの連載小説を例に挙げ、フィクションにおける制服ガールの活躍について見てきた。この後、間もなく「国家総動員法」が施行され、イギリスは組織的に女性を動員していく。こうした動きに先立ち、GOPは制服ガールと活動の機会を求める少女たちの冒険と献身を魅力的に描いている。空襲という悲惨な現実がある一方、フィクションは、ガールたちの冒険をスリリングに描き、「女性の軍事化」というドラマを発進する手段にもなっていた。

注

（1）ジョンズの生涯については Berresford-Ellis&Schofield 他を参照。
（2）この雑誌については、http://www.popularflying.com/（二〇一七年八月一七日取得）参照。
（3）スペンサーは読書の影響を「非公式の教育」（informal education）と呼び、特に学校という制度が全うされない戦時下においては大きな影響力を発揮すると指摘する（Spencer 137）。
（4）The Secrets of W.E. Johns Correspondence Archive http://www.wejohns.com/（二〇一七年七月三〇日取得）参照。
（5）『ダンケルク』（Dunkirk）クリストファー・ノーラン監督・脚本・製作。
（6）当時、ＷＡＡＦのリクルートは順調ではなかったため、航空省は「ビグルズ・シリーズ」で人気を博したジョンズに新しいヒロイン創作を依頼した（Spencer 140）。
（7）Philippa Levine 所収、Harold L. Smith "British Feminism in the Second World War" 参照。

引用文献

Berresford-Ellis, Peter, and Jennifer Schofield. *Biggles! The Life Story of Capt. W. E. Johns*. Veloce, 1993.
Cooper, Alison. *Women's War: Britain in World War II*. Hodder, 2003.
ハラウェイ、ダナ『猿と女とサイボーグ』高橋さきの訳、青土社、二〇〇〇。
――『サイボーグ・フェミニズム　増補版』巽孝之・小谷真理訳、水声社、二〇〇一。
ハント、ピーター『写真とイラストでたどる子どもの本の歴史』さくまゆみこ・こだまともこ・福本友美子訳、柏書房、一九九五。

Levine, Philippa, and Susan R. Grayzel. Eds. *Gender, Labour, War and Empire: Essays on Modern Britain*. Palgrave Macmillan, 2009.

Spencer, Stephany. "No 'Fear of Flying'?: Worrals of the WAAF, Fiction, and Girls' Informal Wartime Education," *Paedagogica Historica: International Journal of the History of Education*. Vol. 52: No. 1–2, 2016, 137–153.

Tinkler, Penny. *Constructing Girlhood: Popular Magazines For Girls Growing Up In England, 1920–1950.* Taylor and Francis, 1995.

おわりに
制服の下の「女らしさ」という神話

第二次世界大戦という総力戦において、雑誌などの大衆メディアは、戦場に出る男性に代わる労働力として、女性たちをともに戦う「市民」として包摂することに一役買った。ここではその一例として、大衆向け写真週刊誌『ピクチャー・ポスト』、女性誌『ウーマン』、そしてスクールガール向けの『ガールズ・オウン・ペーパー』（GOP）を紹介した。戦況とそれぞれの読者層とに応じて、これらの雑誌は制服ガールを魅力的に切り取り、発信してきた。

しかし戦争の終結が近づくと、制服ガールは徐々に姿を消して行く。一九四四年九月二二日、労働大臣アーネスト・ベヴィン（Ernest Bevin）によって動員解除（demobilization, demob）計画が発表される。これは翌年一九四五年六月一八日に決行され、国防義勇軍女性補助部隊（ATS）については一九万人が任務を解除された。これに伴い、女性たちには手当とそれまで着ていた制服に代わる帽子、衣装（通常はワンピース）、スカーフ、ブラウスやセーター、ストッキング、靴、コートを買うためのクーポンが与えられた（Harris 125）。しかし、多大な負債を抱えた戦後のイギリスでは、必要なものを賄うことは困難で、戦時同様、衣服に関しては手に入るもので「作る、そして繕う」（Make Do and Mend）姿勢は継続した。

写真3-1『ピクチャー・ポスト』1945年1月6日号「この帽子をかぶるチャンスはくるだろうか。」(ATS)

写真3-2『ウーマン』1943年2月13日号　流行りの帽子にチラリと目をやるWAAF

一九四五年一月六日号の『ピクチャー・ポスト』を見てみよう。ATS隊員が制服とは不釣り合いな最新の帽子を試着している。このように制服を脱ぐことを待ち焦がれるガールたちのイメージは他の雑誌でも繰り返されている。『ウーマン』一九四三年二月一三日号にはWAAFがショーウィンドウの帽子にちらりと目をやる場面が描かれる。第Ⅱ部第3章で述べたように、あまり実用的には見えないこの帽子は、当時、重要なファッションアイテムの一つであり、『ピクチャー・ポスト』では流行のデザインに度々紙面が割かれていた。

GOP掲載の最後の制服ガールは一九四五年一月号である。やはり、戦争の終わりが女性らしい衣服に着替えるときとして表されている。総力戦のホームフロントを照らす明るい笑顔、信頼に足る労働力、男性の魅力的なパートナー、あるいは少女たちの憧れの対象であった制服ガールたちは瞬く間に各誌から姿を消していく。

写真3-3　GOP　1945年1月号　花柄のワンピースを手にするATS

第一次世界大戦時、愛国的な詩で人気を博した詩人ジェシー・ポープ（1868–1941）の「戦時のガールたち」（"War Girls"）では、男性の職場に進出した女性たちの制服の下には優しく温かな心《ハート》が波打っていると謳われている。(1)

Beneath each uniform
Beats a heart that's soft and warm

そして軍服を着た男たちが帰ってくるまでは、恋する時間はおあずけ、と続く。

They've no time for love and kisses
Till the khaki soldier-boys come marching back.

第二次世界大戦においても、こうした制服の下の「女らしさ」という神話は健在で、広告も含めて戦後の各誌は、制服を脱いだガールたちを異性愛的な恋愛対象として表す。一九四五年八月一一日号の『ピクチャーポスト』は、ポープの詩で女性が夢見ていたように謳われる軍服の男性たちの帰還と恋の季節の到来を表している。『ウーマン』については、元々のコンセプトである結婚と家庭を重視する姿勢に戻るのに時間はかからなかったであろう。戦後、GOPは中産階級の活発なスクールガールから、ある程度の収入があり結婚適齢期を迎える労働者階級の若い女性へと読者層をシフトしていく。女性のキャリア開発を最も強く打ち出していたかのように見えた制服の下の女らしさを露わにし始めた[2]。

　第二次世界大戦という総力戦で、「市民」として国家の要請に応えたイギリスの女性たちは、軍隊をはじめ、それまで男性に占有されていた領域に制服を身につけて進出した。その制服姿は既存のジェンダー秩序のゆらぎを象徴するものだった。一方メディアは、制服ガールたちの所属やプロフェッショナルであることを証明するよりも、男性の「補助」であることを意識させ、制服の下に「女らしさ」を期待するよう読者に促す面も見られた。彼女たちの制服には所属と任務ではない意味も付与されていった。制服ガールは、それまでのジェンダー秩序を攪乱したかのようであったが、戦後のバックラッシュにより、GOPが描いた女性の自立や行動力、そして『ウーマン』の描いた性的主体性は薄れてゆく。イギリスの制服ガールは、軍服の持つ「制服の同一形《ユニ・フォーム》」（エルシュタイン 270）へと取り込まれることはなく、むしろそこからの離脱を終始、期待されていた存在と言えるだろう。イギリスの総力戦下の制服ガールは「男性並み」の役割と制服の下にある「女らしさ」という幻影が作るキメラなのである。

写真 3-5 『ウーマン』1946 年 3 月 23 日号

写真 3-4 『ピクチャー・ポスト』1945 年 8 月 11 日号　サウスエンドの休日

写真 3-7 『ガールズ・オウン・ペーパー』1947 年 12 月号掲載　ロンドンの石鹸メーカー、ナイツの広告。「結婚したくなる女の子」のイメージは繰り返し掲載された。

写真 3-6 『ガールズ・オウン・ペーパー』1947 年 9 月号　表紙の半数は写真になる。

注

（1）戦後、ポープは戦争詩を集めた詩集（*Jessie Pope's War Poems 1, More War Poems* 双方とも一九一五年出版）の印象が強く、熱狂的な愛国心（**Jingoism**）を煽った詩人として解釈されることも多い。しかし、ユーモア溢れる多様な詩を発表していた。

（2）一九四七年一二月GOPは雑誌名を『ガールズ・オウン・ペーパーとエアレス（*Heiress*）』に変更、一九五一年までには『エアレス』――「女性相続人」という裕福で幸福な女の子をイメージさせる名称――に変更するが、一九五六年に閉刊する。

引用文献

エルシュテイン、ジーン・ベスキー『女性と戦争』小林史子・廣川紀子訳、法政大学出版局、一九九四。

あとがき

現在においても女性が身につける制服への関心は、日本では一向に衰えることはない。中高生の制服は受験生にアピールする重要なポイントの一つであり、若さと可愛らしさを楽しむファッションとして既に制服を卒業したはずの世代にも、そして海外にもマーケットを拡大している。本書でも考えたが、軍服を起源に持つ制服にアレンジを施す行為が継続している点が興味深い。デザインを施され、アイドルやアニメやゲームのキャラクターのコスチュームにも採用されている。文字通り軍服姿の女性キャラクターも散見する。業種によっては制服のユニセックス化が進んでいるにも関わらず、各種メディアでは制服ガールたちは再生産され続けている。

コロナ禍に飲み込まれた二〇二〇年前半には、「本業」ではないにも関わらずマスクを手作りする制服の女性たちのニュースを目にすることがあった。戦時にも喩えられたこの状況における二十一世紀の制服の女性たちの困難は、総力戦下で自分にできる「少しばかりのことを」した女性たちを思い出させた。戦時と平時、それぞれにおける女性の労働力の包摂と排除の過程、そして女性の制服に付与される職業と帰属以外の意味など、改めて女性のキャリアが孕む、そしてキャリアの継続を阻む問題点について考えさせられた。

本書の内容は二〇〇四年に始まった「戦争とジェンダー表象研究会」で考えたことをもとにしている。思いがけず勤務先を同じくすることになった加納実紀代さんはこの研究会の中心であり、加納さんとの出会いがなければ、「戦争と女性」というテーマで研究することはなかった。この研究会によってイギリス、アメリカ、中国、ドイツ、そして日本と、連合国軍と枢軸国、戦勝国と敗戦国という区分を超えた国際比較が可能になり、第二次世界大戦という歴史が細部までパノラマのように立ち上がる経験をさせてもらった。研究会メンバーとそこから広がったネットワークから学んだことは計り知れない。残念ながら加納さんには直接申し上げることはできないが、改めて各位に心より御礼申し上げたい。

他にも本書の出版に際し、多くの方にお世話になった。『ピクチャー・ポスト』に関しては既にデジタル・アーカイブで公開されているが、やはり実際の紙面を使って全体を見る作業は欠かすことはできず、全巻を現物で揃えている中央大学西洋史研究室にはよくお邪魔させて頂いた。戦況の悪化と共に薄く、荒くなっていく戦火を生き延びた紙面に触れるのは、時空を超える貴重な経験であった。またいつも快く資料を閲覧させてくれた敬和学園大学図書館、本書の出版を助成して下さった共立女子大学総合文化研究所、春風社の岡田幸一さん、ありがとうございました。

二〇二一年二月

杉村　使乃

付記

本書は以下の科学研究費補助金による研究成果の一部である。基盤研究（B）2005–2007（代表　加納実紀代）、若手研究（B）(2006–2007)、基盤研究（C）(2008–2011)、挑戦的萌芽研究（代表　加納実紀代）(2009–2010)、基盤研究（C）(2012–2014)、基盤研究（C）(2012–2014)、基盤研究（C）(2015–2017)、基盤研究（C）(2018–2020) https://nrid.nii.ac.jp/nrid/1000020329337/ 参照。

初出論文一覧

本書の大部分は以下の論文に加筆し、また再構成したものである。女性補助部隊などの名称は本書にて改めて統一した。

「イギリスにおける「ガール・ガイド」運動：20世紀初頭の"girl"をめぐる言説」（『新潟ジェンダー研究』第6号二〇〇六年三月）

「工場と戦場における女性：第二次世界大戦下のイギリスにおける女性の戦時奉仕」（『敬和学園大学研究紀要』第15号二〇〇六年三月）

「『ロビーナの落穂拾い』（"Robina Picks up the Pieces"）に見る一九三〇年代イギリスの"girls"の表象」（『新潟ジェンダー研究』第7号二〇〇八年三月）

「女性にとっての「大義」とは：レイ・ストレイチーの『大義』とヴァージニア・ウルフの『3ギニー』」（『敬和学園大学研究紀要』第17号二〇〇八年三月）

「写真週刊誌『ピクチャー・ポスト』の表紙に見る第二次世界大戦下の女性像」（『敬和学園大学人文社会科学研究所年報』第6号二〇〇八年五月）

「写真週刊誌『ピクチャー・ポスト』に見る第二次世界大戦のイギリス――女性表象再考：制服の女性たちを中心に――」（『敬和学園大学人文社会科学研究所年報』第8号二〇一〇年五月）

「『ガールズ・オウン・ペーパー』に見る第二次世界大戦下のイギリス女性像」（『敬和学園大学研究紀要』第21号二〇一二年二月）
「『グラマー』たちの第二次世界大戦：イギリスの週刊女性誌『ウーマン』表紙に見る女性表象」（『敬和学園大学人文社会科学研究所年報』第12号二〇一四年五月）
「イギリスに見る雑誌が作る第二次世界大戦下の女性像」（『女性史学』123巻第4号二〇一六年六月）
「空飛ぶヒロインの現実と虚構：『ガールズ・オウン・ペーパー』連載小説「女性空軍補助隊のウォーラルズ」（Worrals of the W.A.A.F.'s）シリーズ（『共立女子大学文芸学部紀要』第64集二〇一八年三月）

参考文献一覧

Anderson, Bette. *We Just Got On With It: British Women in World War II*. Isis, 1994.

Baden-Powell, Olave. *Training Girls as Guides: Hints for Commissioners and All Who Are Interested in the Welfare and Training of Girls*. Arthur Pearson, 1917.

——. *Window on My Heart: the Autobiography of Olave, Lady Baden-Powell, G.B.E. As Told to Mary Drewery*. Hodder and Stoughton, 1973.

Baden-Powell, Robert. *Scouting For Boys: A Handbook for Instruction in Good Citizenship*. (The Original 1908 Edition) Oxford UP, 2004.

Beetham, Margaret. *A Magazine of Her Own?: Domesticity and Desire in the Woman's Magazine, 1800–1914*. Routledge, 1996.

Berresford-Ellis, Peter, and Jennifer Schofield. *Biggles! The Life Story of Capt. W. E. Johns*. Veloce, 1993.

Brendon, Piers. *Eminent Edwardians: Four Figures Who Defined Their Age: Northcliff, Balfour, Pankhurst, Baden-Powell*. Pimlico, 2003.

Briggs, Asa. *Go To It!: Working for Victory on the Home Front 1939–1945*. Mitchell Beazley, 2000.

Brittain, Vera. *Lady into Woman: A History from Victoria to Elizabeth II*. Andrew Dakers, 1953.

Brown, Mike, and Carol Harris. *The Wartime House: Home Life in Wartime Britain 1939–1945*. Sutton, 2001.

Butts, Dennis, and Pat Garrett (eds). *From the Dairyman's Daughter to Worrals of the WAAF: The Religious Tract Society, Lutteworth Press and Children's Literature.* Lutterworth, 2006.

Cadogan, Mary, and Patricia Craig. *You're A Brick Angela! A New Look at Girls' Fiction from 1839–1975*. Girls Gone By Publishers, 2003.

Calder, Angus. *The Myth of the Blitz*. Jonathan Cape, 1991.

Cardinal, Agnés, and Dorothy Goldman, and Judith Hathaway (eds). *Women's Writing on the First World War.* Oxford UP, 1999.

Cohen, Debra Rae. *Remapping the Home Front: Locating Citizenship in British Women's Great War Fiction.* Northeastern UP, 2002.

Connelly, Mark. *Reaching for the Stars: A New History of Bomber Command in World War II*. B. Tauris Publishers, 2001.

Cooper, Alison. *Women's War: Britain in World War II*. Hodder, 2003.

Cormack, Andrew, and Peter Cormack. *British Air Forces 1914–1918(2): Men-At-Arms*. Osprey, 2001.

Crocker, Emma. *The Home Front In Photographs: Life in Britain During The Second World War.* Sutton, 2004.

Drotner, Kirsten. *English Children and Their Magazines* 1751–1945. Yale UP, 1988.

Dyhouse, Carol. *Girls Growing Up in Late Victorian and Edwardian England.* Routledge, 1981.

——. *Glamour: Women, History, Feminism.* Zed Books, 2011.

Edwards, Owen Dudley. *British Children's Fiction in the Second World War.* Edinburgh UP, 2009.

Forrester, Wendy. *Great-Grandmama's Weekly: A Celebration of The Girl's Own Paper 1880–1901*. Lutterworth Press, 1980.

Gane-Pushman, Muriel. *We All Wore Blue*. Pickering, 1989.

Gardiner, Juliet. *Picture Post Women*. Collins & Brown, 1993.

——. *Children's War: The Second World War through the Eyes of the Children of Britain*. London: Imperial War Museum, 2005.

Gledhill, Christine, and Gillian Swanson. *Nationalising Femininity: Culture, Sexuality and British Cinema in the Second World War*. Manchester UP, 1996.

Glover, David, and Scott McCracken (eds). *The Cambridge Companion to Popular Fiction*. Cambridge UP, 2012.

Harris, Carol. *Women at War: In Uniform 1939–1945*. Sutton, 2003.

Harrison, Tom. *Living Through the Blitz*. (1976) Penguin, 1990.

Hastings, Max. *Bomber Command*. Pan Books, 2019.

Heilman, Ann. *New Woman Strategies: Sarah Grand, Olive Schreiner, Mona Caird*. Manchester University Press, 2004.

Hopkinson, Tom (ed). *Picture Post: 1938–50*. Penguin, 1970.

Jeal, Tim. *Baden-Powell: Founder of the Boy Scouts*. Yale UP, 1989.

Kerr, Rose. *The Story of the Girl Guides*. The Girl Guides Association, 1932.

Lavenback, Karen L. *Virginia Woolf and the Great War*. Syracuse UP, 1999.

Law, Cheryl. *Suffrage and Power: The Women's Movement, 1918–1928*. I.B. Tauris Publishers, 2000.

Levine, Philippa, and Susan R. Grayzel (eds). *Gender, Labour, War and Empire: Essays on Modern Britain.* Palgrave Macmillan, 2009.

MacDonald, Robert H. *Sons of the Empire: The Frontier and the Boy Scout Movement 1890–1918*. University of Toronto Press, 1993.

Mackenzie, Johan M. *Propaganda and Empire: The Manipulation of British Public Opinion, 1880–1960*. Manchester UP, 1984.

Martin, Brayley. *World War II Allied Women's Services*. Osprey, 2001.

——. *World War II Allied Nursing Services*. Osprey, 2002.

——, and Richard Ingram. *World War II British Women's Uniforms In Colour Photographs*. Crowood, 2001.

Marwick, Arthur. *Women at War: 1914–1918*. Fontana, 1977.

McClintock, Anne. *Imperial Leather: Race, Gender and Sexuality in the Colonial Contest.* Routledge, 1995.

Middleton, Lucy. *Women in the Labour Movement: The British Experience*. Croom Helm, 1977.

Mullin, Katherine. *Working Girls: Fiction, Sexuality, and Modernity*. Oxford UP, 2016.

Oliver, Schreiner (ed). *New Woman Fiction*. Vol.1–9. Athena, 2005.

Pawlowski, Merry M. *Virginia Woolf and Fascism: Resisting the Dictator's Seduction*. Palgrave Macmillan, 2001.

Priestley, J. B. *British Women Go To War*. Collins, 1943.

Reynolds, Kimberley. *Girls Only?: Gender and Popular Children's Fiction in Britain 1880–1910*. Harvester

Wheatsheaf, 1990.

Rodger, George. *The Blitz: the Photography of George Rodger with an Introduction by Tom Hopkinson.* Penguin Books, 1990.

Samuel, Raphael. *Patriotism: The Making and Unmaking of British National Identity. Volume I: History and Politics.* Routledge, 1989.

Sheridan, Dorothy (ed). *Wartime Women: A Mass-Observation Anthology 1937–45.* Phoenix, 2000.

Spencer, Stephany. "No 'Fear of Flying'?: Worrals of the WAAF, Fiction, and Girls' Informal Wartime Education," *Paedagogica Historica: International Journal of the History of Education.* Vol. 52: No. 1–2, 2016, 137–153.

Springhall, J.O., "Lord Meath, youth and Empire," *Journal of Contemporary History*, 5, (1970), 97–111.

——. "The Boy Scouts, Class, and Militarism in Relation to British Youth Movements, 1908–1930," *International Review of Social History,* XVI (1971), 125–58.

——. "Baden-Powell and the Scout Movement before 1920: Citizen Training of Soldiers of the Future?," *English Historical Review* 102 (1987), 934–42.

Strachey, Lytton. *Eminent Victorians* (1918). Oxford UP, 2003.

Strachey, Ray. *Women's Suffrage and Women's Service: The History of London & National Society for Women's Service.* London and National Society for Women's Service, 1927.

——. *The Cause: A Short History of the Women's Movement in Great Britain.* G. Bell and Sons, 1928.

Summers, Anne. "Scouts, Guides and VADs: A Note in Reply to Allen Warren." *English Historical Review* 102 (1987), 943–47.

Tinkler, Penny. *Constructing Girlhood: Popular Magazines For Girls Growing Up In England, 1920–1950.* Taylor and Francis, 1995.

Tullberg, Rita McWilliams. *Women at Cambridge.* Cambridge UP, 1998.

Vicinus, Martha (ed). *A Widening Sphere: Changing Roles of Victorian Women.* Indiana UP, 1977.

—— (ed). *Suffer and Be Still: Women in the Victorian Age*. Indiana UP, 1972.

Wade, E. *The World Chief Guide: Olave, Lady Baden-Powell*. Hutchinson, 1957.

Wadge, D. Collett (ed). *Women in Uniform.* Imperial War Museum, 2003.

Walker, A. Nancy (ed). *Women's Magazines 1940–1960: Gender Roles and the Popular Press.* Bedford/ St. Martin's. 1998.

Ward Honor, E. *Girls' Own Guide: An Index of All the Fiction Stories Ever to Appear in The Girls' Own Paper 1880–1941*. A&B Whitworth, 1992.

Weightman, Gavin. *Picture Post Britain*. Collins & Brown, 1991.

Woolf, Virginia. *A Room of One's Own* (1929) *and Three Guineas* (1938). Oxford UP, 2000.

——. *The Death of the Moth and Other Essays*. Harcourt Brace, 1970.

荒井信一『空爆の歴史——終わらない大量虐殺』岩波書店、二〇〇八。

飯田操『イギリスの表象』ミネルヴァ書房、二〇〇五。

井野瀬久美惠『子どもたちの大英帝国』中央公論社、一九九二。

――『女たちの大英帝国』講談社、一九九八。

今井けい『イギリス女性運動史』日本経済評論社、一九九二。

上野千鶴子・加納実紀代他『軍事主義とジェンダー』インパクト出版会、二〇〇八。

上野千鶴子『ナショナリズムとジェンダー　新版』岩波書店、二〇一二。

ウルフ、ヴァージニア『3ギニー』出渕敬子訳、みすず書房、二〇〇六。

エルシュテイン、ジーン・ベスキー『戦争と女性』小林史子・廣川紀子訳、法政大学出版局、一九九四。

エンロー、シンシア『策略　女性を軍事化する国際政治』上野千鶴子監訳・佐藤文香訳、岩波書店、二〇〇六。

加納実紀代『女たちの〈銃後〉増補新版』インパクト出版会、一九九五。

ガール・スカウト日本連盟『ガール・スカウト――半世紀の歩み』ガール・スカウト日本連盟、一九七一。

川端有子監修・解説『ガールズ・オウン・ペーパー　1880年－1883年』（ヴィクトリア朝少年・少女雑誌復刻シリーズ）ユーリカ・プレス、二〇〇六。

――監修・解説『ボーイズ・オウン・ペーパー　1879年－1882年』（ヴィクトリア朝少年・少女雑誌復刻シリーズ）ユーリカ・プレス、二〇〇八。

川村貞枝『イギリス近代フェミニズム運動の歴史像』明石書店、二〇〇一。

川本静子『〈新しい女〉たちの世紀末』みすず書房、一九九九。

――『ガヴァネス』みすず書房、二〇〇七。

クラーク、ピーター『イギリス現代史 1900―2000』西沢保他訳、名古屋大学出版会、二〇〇四。

コリー、リンダ『イギリス国民の誕生』川北稔監訳、名古屋大学出版会、二〇〇〇。

コーワン、R・S『お母さんは忙しくなるばかり――家事労働とテクノロジーの社会史』高橋雄造訳、法政大学出版局、二〇一〇。

サイード、エドワード『オリエンタリズム』今沢紀子訳、平凡社、一九九三。

――『文化と帝国主義』大橋洋一訳、みすず書房、一九九八。

齋藤環『戦闘美少女の精神分析』筑摩書房、二〇〇六。

ストレイチー、レイ『イギリス女性運動史 1792―1928』栗栖美知子・出淵敬子監訳、みすず書房、二〇〇八。

セジウィック、E・K『男同士の絆――イギリス文学とホモ・ソーシャルな欲望』名古屋大学出版会、二〇〇一。

武田美保子『〈新しい女〉の系譜――ジェンダーの言説と表象』彩流社、二〇〇三。

田中利幸『空の戦争史』講談社、二〇〇八。

玉井暲・武田美保子監修・解説『〈新しい女〉小説――世紀末のジェンダー表象』アティーナ・プレス、二〇〇五。

辻元よしふみ『スーツ=軍服!?』彩流社、二〇〇八。

――『【図説】軍服の歴史5000年』彩流社、二〇一二。

富山太佳夫『空から女が降ってくる――スポーツ文化の誕生』岩波書店、一九九三。

早川紀代『戦時下の女性たち――日本・ドイツ・イギリス』(岩波ブックレット)岩波書店、一九九三。

林田敏子『戦う女、戦えない女――第一次世界大戦期のジェンダーとセクシュアリティ』人文書院、二〇一三。

――「軍隊とマスキュリニティ」『歴史評論』八四三号、二〇二〇年七月号、五五―六七。

ハラウェイ、ダナ『猿と女とサイボーグ』高橋さきの訳、青土社、二〇〇〇。

――『サイボーグ・フェミニズム 増補版』巽孝之・小谷真理訳、水声社、二〇〇一。

ハント、ピーター『写真とイラストでたどる子どもの本の歴史』さくまゆみこ・こだまともこ・福本友美子訳、柏書房、一九九五。

ハンリー、リン「湾岸戦争のなかの女たち」三木のぶ子訳『インパクション』(一九九二年四月)七二―七五。

姫岡とし子他『ジェンダー』(近代ヨーロッパの探究)ミネルヴァ書房、二〇〇八。

ヒルコート、ウィリアム『ベーデンパウエル――英雄の二つの生涯』安齋忠恭監訳、産調出版、一九九二。

藤本茂生編 *Boy Scouts and Girl Guides in the UK: A Collection of Early Sources* (The Foundation of the Boy & Girl Scout Movements, Series 1) ユーリカ・プレス、二〇一二。

ブラック、J・アンダーソン/マッジ・ガーランド『ファッションの歴史』(下)山内沙織訳、パルコ出版、一九八五。

ホールズワース、アンジェラ『人形の家を出た女たち――二〇世紀イギリスの女性の生活と文化』石山鈴子・加地永都子訳、新宿書房、一九九二。

武藤浩史編『愛と戦いのイギリス文化1900―1950』慶應義塾大学出版会、二〇〇七。

村岡健次・川北稔『イギリス近代史　改訂版』ミネルヴァ書房、二〇〇三。

矢口徹也『女子補導団――日本のガールスカウト前史』成文堂、二〇〇八。

ルイス、ブレンダ・ラルフ『写真でみる女性と戦争』松尾恭子訳、原書房、二〇一三。

若桑みどり『戦争がつくる女性像』筑摩書房、二〇〇〇。

――『戦争とジェンダー』大月書店、二〇〇五。

索引

＊女性の戦時活動団体名は、栗栖美知子・出淵敬子訳の『イギリス女性運動史：1792–1928』、また林田敏子の表記を参考にした。

【あ】

【か】

【さ】

【た】

【な】

【は】

【ま】

【ら】

【わ】

【著者】杉村 使乃（すぎむら・しの）
共立女子大学文芸学部教授。
著作に『帝国解体と戦後秩序構築過程における大衆メディアのジェンダー・エスニシティ表象分析』（二〇一五－二〇一七科研費研究成果報告書）、「イギリスに見る雑誌が作る第二次世界大戦下の女性像」（『女性史学』一二三巻第四号、二〇一六年六月）、『読書する女性たち』（出淵敬子編　共著、彩流社、二〇〇六年）、『女性・ことば・ドラマ』（青山誠子編　共著、彩流社、二〇〇〇年）。

二〇二一年二月二六日　初版発行

制服ガールの総力戦
――イギリスの「女の子」の戦時貢献

著者　杉村使乃　すぎむら・しの

発行者　三浦 衛
発行所　春風社　*Shumpusha Publishing Co.,Ltd.*
横浜市西区紅葉ヶ丘五三　横浜市教育会館三階
〈電話〉〇四五・二六一・三一六八　〈FAX〉〇四五・二六一・三一六九
〈振替〉〇〇二〇〇・一・三七五二四
http://www.shumpu.com　✉ info@shumpu.com

装丁　矢萩多聞
装画　*Picture Post*, *Girl's Own Paper*, *Woman* 表紙
印刷・製本　シナノ書籍印刷株式会社

ISBN 978-4-86110-603-3 C0036 ¥3200E